小谷野敦

日本文化論のインチキ

GS
幻冬舎新書
165

序文

私が高校生の頃、予備校で「現代国語」の授業に出ると、教科書の課題文を読み上げた教師が、

「ここまで来ると、ははあ、今はやりの日本文化論だな、ということが分かりますね」

と言ったことがある。高校では、こういう斜に構えたようなことを言う教師はいなかったから、ああそういう風に考えるのか、と思った。一九八〇年ごろのことだ。

なるほど、その当時、「日本文化論」とか「日本人論」というものがはやっていた。日本語は曖昧《あいまい》だとか非論理的だとか、日本人はクリスマスをやり神社へも寺へも行く、宗教の定まらない民族だとか、いろいろ言われたものだ。

そして、時にはそういう「日本文化論」がベストセラーやロングセラーになることもあった。たとえば丸山真男《まるやままさお》（一九一四―九六）の『日本の思想』（一九六一）とか、川島武宜《かわしまたけよし》（一九〇九―九二）の『日本人の法意識』（一九六七）とかである。この二冊は岩波新書で、私は高校

生のころに読んだ。前者は難しくて、よく分からなかったが、後者はおもしろかった。

それから、土居健郎《どいたけお》（一九二〇―二〇〇九）の『「甘え」の構造』（弘文堂、一九七一）などというのも、よく売れていた。これは、実はよく分からなかった。むしろ、内容とは無関係に、人を非難する時に「甘えの構造」などと言われたものだ。

私は「比較文学比較文化」などという大学院へ行き、カナダへ留学して日本文学を学ぶなどという経歴を持ったために、けっこういろいろ「日本文化論」や、日本を中心とした「比較文化論」を読んだのではないかと思う。

私が、突然、そういう「日本文化論」の怪しさに気づいたのは、留学から帰って、ピーター・デール（一九三八―　）の『日本的独自性の神話』（The Myth of Japanese Uniqueness, 1986）を読んだ時のことだ。これは日本独自のものだ、というものは外国にもある、といった形でこの本の議論は進み、私は眼からウロコがぼろぼろ落ちる気がした。

このデールの本は、どうやら翻訳した人がいたようだが、なぜか出版されなかった。私が訳そうかと思ったが、既《すで》に訳した人がいるのに、とためらっているうちに、月日は流れた。井上章一さん（一九五五―　）は、『南蛮幻想』（文藝春秋、一九九八）で、日本文化論の時代は終った、と書いていた。井上さんは、国際日本文化研究センターの教授である。だからもちろん、内外の日本文化論をいろいろ調べている。だが、いわゆる日本文化論の多くは、インチキである、ということが、分かってきた、と私は思っている。

ここで、「日本文化論批判」というものが登場してくる。デールのものもそうだが、日本語で出ているものでいちばん有名なのは、ハルミ・べフ（別府春海、一九三〇―　）の『イデオロギーとしての日本文化論』（思想の科学社、一九八七）、あるいはダグラス・ラミスの『内なる外国―『菊と刀』再考』（一九八一、のちちくま学藝文庫）ではあるまいか。

これら「日本文化論批判」は、おおむね左翼的なもので、かつて、丸山や川島は、日本文化の否定的な面を強調した日本文化論を書いたが、一九七〇年代になると、日本が経済大国になり、それに応じて、自国を礼賛するような日本文化論が出現した、それは悪《あ》しきナショナリズムだ、というのである。そこで槍玉にあげられたのが、まさに国際日本文化研究センターの初代所長だった梅原猛《うめはらたけし》（一九二五―　）らの「日本文化論」であった。

青木保《あおきたもつ》（一九三八―　）の『「日本文化論」の変容』（一九九〇、のち中公文庫）は、まさにそういう、日本文化論そのものを客観的に見ようとした本である。そこでもデールの本は取り上げられているが、青木は、デールの日本ナショナリズム批判は厳しすぎる、そういうことはどこの国にもあるのではないか、としている。

だが、私がデールの本を読んで感心したのは、何も日本のナショナリズムを批判していたからではなくて、ある国の文化が、ある点で独自のものだということは、他国ときちんと比較しなければ言えないはずだ、ということを学問的に、順序だててきっちり言っていたからである。

よく人は、「まったく、日本人てえのは…」というようなことを言う。中年のおじさんの（というか私も中年のおじさんだが）決まり文句のようなものだ。しかし、それはたいてい、日本人だけの話ではない。たとえば、藝能人のスキャンダルで大騒ぎしているのを見て「まったく、日本人てえのは」と言うとする。しかし、それは他国でもあることだ。人は不思議なまでに、そういう時に思考停止して、他国にも同じようなことはあるのではないか、と考えるのをやめてしまう。


それは「左翼」だって同じことだ。かつての十五年戦争で、日本人がした残虐行為を槍玉にあげて、日本人は……などと言う。それはおかしいだろう。戦争での残虐行為など、しない国のほうが少ない。いな、歴史を見ればどの国でもやっている。

しかしもちろん、すべての「日本文化論」がインチキだというわけではない。たとえば、日本人は今でも、家に入る時に靴を脱ぐが、これなどは、西洋ともシナとも異なるもので、かなり強固な日本人の特性だと言えるだろう。

日本文化論の時代は終った、と言われて十年たつが、最近また、日本文化論を紹介する本などが出るようになった。それは大久保《おおくぼ》喬樹《たかき》（一九四六―　）の『日本文化論の系譜』（中公新書、二〇〇三）や『日本文化論の名著入門』（角川選書、二〇〇八）などで、ここで大久保が紹介している「名著」の中には、土居のものもあるが、大久保はこれらに対する批判に対して、きちんと答えようとはしていない。ほかにも、ひところ、「保守」論壇で流行した、一神教と多神教を対置させて、一神教は暴力的だ、と論じたものなどもあるが、これまた杜撰《ずさん》な議論と言うほかない。

だから本書では、日本文化論を含め、この種の通俗学問のあれこれを俎上《そじょう》に上げることにした。もっとも中には、既に私の著書のあちこちで指摘したことも多く混じっているが、どうもものごとというのは、一度言ったくらいでは浸透しないらしいし、まだ書いていないことや新しい発見もある。

日本文化論のインチキ／目次

第六章　天皇制とラフカディオ・ハーン
——日本文化論の背景を探る　183

終章　結論を求める心理　219

第一章　西洋とだけ比較されてきたという問題

――『「甘え」の構造』『ものぐさ精神分析』など

日本文化論のベースにあるもの

一九九三年に、東京大学教養学部での、一年生向けの英語教科書として編纂《へんさん》された『Universe of English』にも載っているのが、李御寧《イーオリヨン》（一九三四―　）の日本文化論『「縮み」志向の日本人』（一九八二、現在講談社学術文庫）の冒頭の部分である。李は、土居健郎の『「甘え」の構造』[*1]が、「甘え」という言葉は日本語独自のものであるという前提で議論を展開しているのを激しく批判し、土居は西洋語のことしか考えていない、朝鮮語にはちゃんと「甘え」に当たる言葉がある、として、従来の「日本文化論」が、西洋との対比でしかなされてこなかったことに異議を唱えた。

＊1―『「甘え」の構造』……「甘え」は日本人特有の感情であり、日本文化や社会を語る上で欠かせない概念であると説く。

これは、当然の疑問である。実際、明治期から一九七〇年代までの「日本文化論」は、西洋との対比でものを捉えることが多かった。もっとも、日本は日清戦争に勝って台湾を、一九一〇年に韓国（朝鮮）を併合し、当時は多くの日本人が朝鮮、満洲、シナなどへ渡っていたから、当時、いわば「シナ文化論」とか「朝鮮文化論」といったものが、日本との対比で多く書かれた。ところが、日本の敗戦によって、日本はこれらの国を侵略したということになり、これらの国を論じることがタブーになってしまった。その結果、米国の文化人類学者ルース・ベネディクト（一八八七―一九四八）の『菊と刀』（一九四六）を始めとする、西洋との対比による日本文化論一色になってしまったのである。

それはそうで、「日本人はシナ人や朝鮮人に比べて清潔好きだ」などと書いたら、シナ、朝鮮から抗議を受けてしまう。実際には、そういうタブーがなくなったわけではない。とはいえ、土居の『「甘え」の構造』が欠陥を持っていることは確かで、デールなどは、主として土居のこの本を徹底攻撃している趣《おもむき》があった。だが、私は大学生の頃、ロングセラーとなっていたこの本を読んで、あまりに説得力がないので驚いたものだ。

土居はもともとフロイト系の精神医学者で、森田療法の影響も受けていた。一九六〇年ころから「甘え」についての論文を書いていて、一般向け啓蒙《けいもう》書を書くよう勧められて書いたというのだが、たとえば大佛次郎《おさらぎじろう》の『帰郷』のような文学作品を例にとって論じていくところが、学問としては異例のもので、最終的にはデータの裏づけが必要だがそれもなく、単に「甘え」という現象について、必ずしも悪いものではない、といった土居の考えが披瀝《ひれき》されているだけのもので、私は驚いたのである。おそらく土居は、これは自分の臨床体験から導かれたもので、しかし臨床記録は守秘義務があるから出せない、という立場だろうが、全体として土居が直観的に感じたことを記述しているだけなので、学問的に読めないのである。

しかも、フロイトの精神分析は、当初から、科学的ではないという批判を受け続けており、のちにフランスのジャック・ラカンがこれを継承して新たな精神分析の学派を作ったが、ラカンの文章は極めて難解であり、解説書もたくさん出ているけれど、アラン・ソーカルとジャン・ブリクモンの『「知」の欺瞞《ぎまん》』（邦訳、岩波書店、二〇〇〇）で、他の「フランス現代思想」と並べて、単なる支離滅裂《しりめつれつ》な文章であるということが指摘された。また、土居はサピア－ウォーフの言語相対説《そうたいせつ》も援用しているが、これはチョムスキーを始祖とする現代の言語学によって完膚《かんぷ》なきまでに否定されている。

サピア－ウォーフの言語相対説は、文化人類学者エドワード・サピア（一八八四－一九三九）と、言語学者ベンジャミン・リー・ウォーフ（一八九七－一九四一）による、言語が意識を規定するとしたもので、長く支配的な考え方であり、サミュエル・イチエ・ハヤカワ（一九〇六－一九二）の『思考と行動における言語』（岩波書店、一九五一）などもこの説で、長く読まれてきた。むろん、言語がある程度思考に影響するという「弱い言語相対説」は有効だが、強い言語相対説は完全に否定されていると言ってよいだろう。

土居が、「甘え」という語が西洋語にはない、だから「甘え」は日本人特有なのだ、と論じたのも、この言語相対説に基づいている。実は李の「甘えは朝鮮語にもある」という批判は、日本と西洋の比較をもってことたれりとする「比較文化論」の批判としては有効だが、だから甘えは東アジア特有のものだ、という方向へは行かなかった。

たとえば、生徒が、教師が許してくれることを期待して逆らってみせる時、それは「甘え」と言われるだろうが、仮にこれを西洋語で言うなら「生徒は教師の寛大さを期待していた」と言えばすむことであって、言語がなければ事実もない、というのが間違いであることは、「セクシャル・ハラスメント」という言葉がない時代にはセクハラはなかったのかということを考えてみれば、すぐに分かる。もっともその逆に、「ジェンダーフリー」とか「モラル・ハラスメント」とか、「男女平等」「いじめ」でいいのに、新しい言葉を使いたがったり作ったりする人もいて、そういうのを「ネオロジズム」（新語主義）という。

さて、李の指摘を、土居は謙虚に受け止め、外国にも「甘え」はあると言い出し、一九九六年には、平川祐弘《ひらかわすけひろ》・鶴田欣也《つるたきんや》編『「甘え」で文学を解く』（新曜社）のような本も出たが、これは私も寄稿しており、イタリア文学も専門の一つである平川は、イタリアにおける甘えを論じたりした。しかしそうなると、もともと「日本文化論」「日本人論」として受容された説なのだから、何が言いたいのか、分からなくなってしまった。鶴田は私の師匠だが、幼い頃に母親を亡くしており、そのせいか、似た境遇にある川端康成を研究していたが、その時は盛んに、そういう人間の「すねる・ひがむ」といった心理を説いていた。それが「甘え」だというのである。

ところが、そうなると、それは学説でも何でもなくて、ただの世間話でしかないではないか。子供が、自分より他の子供、たとえば弟のほうが親からかわいがられると思って、すねたりひがんだりする、あるいは大人でも、そういうことはある。だがそんなことは、誰でも知っていることで、世界中で、あるいは原始人の頃から起こってきた現象に過ぎない。つまり、学問的に何も新しいことはなくなってしまったのである。

大流行した『「甘え」の構造』は夏目漱石論

さて土居は、実はキリスト教の家庭に育ち、カトリックの教えを受けて育った人であることを、その後明らかにした。『信仰と「甘え」』（春秋社、一九九〇）に、そのことは詳しく書いてある。それを知ると、土居の日本文化論なるものが、キリスト教との対比の上に築かれたものであることが、よく分かる。遠藤周作の『沈黙』（一九六六）が、いかにも日本化した、慈悲深い神を想定して描かれているというのはよく言われるが、ユダヤ―キリスト教の神は、厳しい神であり、ヨブのような人物を、最後まで救うことがない。だが、その問題は、河合隼雄《かわいはやお》の「母性社会」論との関係で、のちに詳しく述べることにする。とはいえ、岸田秀《きしだしゅう》（一九三三―）の精神分析論が、岸田の、養母との複雑な関係をもとに築かれているように、土居の「甘え」理論もまた、そうした背景から説明できる、科学的とは言えない議論だったのではないか。もっとも、土居自身は、だから理論が客観的でない、といった反省には至らなかったようだが……。

ところで、それを批判した李の『「縮み」志向の日本人』*2は、何が書いてあるのかはよく分かる。李は親日派の文藝評論家・政治家で、梨花《りか》女子大学学長を務めた。ここでは、日本人は小さくするのが好きだと主張し、俳句、おにぎり、茶室といったものを挙げている。しかしさすがに、バカバカしいと思って相手にする人はあまりいなかった。おにぎりを言うなら、西洋にだってサンドウィッチやハンバーガーはあるし、李は一冊分の記述をするために、日本人は縮み志向だから広場恐怖症で、西洋人は閉所恐怖症《へいしょ》だなどと、何の裏づけもないことを言い出す。もっとも、俳句とか茶道のあの狭い茶室とかいうのは、とりあえず考えてみてもいい主題だろうし、新聞の「歌壇・俳壇」欄というものも、これは明らかに他国にはないものなので、考察に値するだろう。ただ、茶道というのは、あらゆる日本人がやるわけではない（現に私はやったことがない)。

ところで、土居の最初の一般向け著作は『漱石の心的世界』(一九六九)で、のちに『漱石文学における「甘え」の研究』の題で角川文庫に入っているが、これが面白い。どうやら土居は、漱石、鷗外など明治の日本の小説が好きらしく、逆に考えるなら、土居の「甘え」理論は、夏目漱石についての特殊理論の趣がある。のちに土居は、『続「甘え」の構造』(弘文堂、二〇〇一)を著《あらわ》して、漱石、露伴などの日本近代の作家における「甘え」という言葉の用例を調べているのだが、それではダメで、土居は、「甘ゆ」という言葉は、中世から近世にかけて、肯定的な意味でも使われていたが、などと言っているのだが、それなら、そういう「有名作家」の文章だけを調べるのではなくて、もっと広く平安朝以後の用例を調べなければならない。国文学者ではないからそんなことはできない、ということはない。土居は、『日本国語大辞典』その他の辞書で、近世以前の「甘え」についてちゃんと調べてすらいないのだから。

さて、最近三浦雅士《まさし》が著した『漱石―母に愛されなかった子』(岩波新書、二〇〇八)を読んで、ああそういうことかと納得がいった、というより、前から茫漠《ぼうばく》と考えていたことを明確

*2―『「縮み」志向の日本人』……扇子やトランジスタといった「和魂」が作り出した商品を見てもわかるように、日本文化は小さいものに美を認め、「縮める」ところに特徴がある。「縮み」の類型を挙げ、日本の特質を分析している。

に指摘されたのだが、漱石・夏目金之助は、五男三女の末子として生まれ、幼い頃に養子に出されている。そういったことが、漱石の孤独感を増し、ひがみや拗《す》ねる気持ちを育てたのである。土居の漱石論が面白い。少なくとも、『「甘え」の構造』のように、随処で引っかからずに読めるのは、そもそも土居の「甘え」理論が、漱石論だったからであろう。しかし、あらゆる日本人が、漱石と似たような体験をしているわけではないから、それを一般理論にすると、あちこちに無理が生じるのである。

インチキ文化論の大本はヘーゲルにある

ところで、私がラカン(一九〇一―八一)について書いたことを読んでびっくりした人がいるかもしれないので言っておくが、いわゆる「フランス現代思想」とか、「ポストモダン」とか、「ニュー・アカデミズム」とかでもて囃《はや》された「思想家」というのは、学問的にはほとんどインチキである。その中では、せいぜい文化人類学者のレヴィ＝ストロース(一九〇八―二〇〇九)くらいが、まともな学者といえるくらいだ。

ラカンのほか、ジル・ドゥルーズ(一九二五―九五)、ジュリア・クリステヴァ(一九四一―)などは、文章を論理的に読むことができない。ソーカルはこれら「思想家」の文章の中から、特に訳が分からない部分を抜き出して批判したが、浅田彰《あさだあきら》とか東浩紀《あずまひろき》とか、そういう思想家を持ち上げてきた日本の批評家連は、この問題について何の総括もしていない。中には、ソーカルの本を評して「ドゥルーズらがやけくそになる気持ちが分からないのか」などと書いた文藝評論家もいたので、私はこういうのを「やけくそ哲学」と呼んでいる。

ジャック・デリダ（一九三〇―二〇〇四）の『グラマトロジーについて』は、日本では『根源の彼方に』という題で訳が出ているが、これを英訳したのが、米国の比較文学者で、ベンガル出身のガヤトリ・チャクラヴォーティ・スピヴァク（一九四二―　）である。この翻訳は素晴らしく、またスピヴァクがつけた長い序文も素晴らしいと言われており、日本では田尻芳樹《たじりよしき》によるその序文の翻訳が『デリダ論』（平凡社ライブラリー）として出ているくらいだが、素晴らしいけれど、ダメなのである。なぜなら、デリダがここで言っているようなことは、チョムスキー言語学によって完全に包摂《ほうせつ》され、かつより科学的な形で研究されているからである。日本では、田中克彦の『チョムスキー』（岩波現代文庫）のような、チョムスキーを理解せずに書かれた本が出回っているせいもあり、生成文法派《せいせいぶんぽう》の論文が極めて難解であるせいもあって、十分に理解されていないため、デリダなどが読まれるのである。

ロラン・バルト（一九一五―八〇）については、『恋愛のディスクール・断章』（みすず書房）がいい本だが、これは一種の引用集とエッセイであって、その「作者の死」などというのは、既に無効の説である。さらに遡《さかのぼ》ると、ヘーゲルの歴史哲学などというのも、インチキであって、それはカール・ポパー（一九〇二―九四）の『歴史主義の貧困』（中央公論社）によって明らかにされている。

そう考えると、「日本文化論」を批判する前に、ヘーゲルから批判しなければならないことになるが、簡単にいえば、ヘーゲルは、歴史というのが一定方向に向って「進歩」すると考えた。それをさらに発展させたのが、マルクスである。だが、歴史にそのような法則はない。なぜないのかと言われても、あることが証明できないのだから、ないと言うほかないのである。しかしそれは、またさらに後のほうで詳しく説明することにしよう。ともかく、「日本文化論」がインチキであるゆえんは、たとえばデールやベフが言うように、日本のナショナリズムだけが原因ではなくて、十九世紀以来の（あるいはもっと古くからの）、「歴史」や「文化」を実体化し、そこに「本質」があるという考え方に根ざしている、ということだけは言っておこう。

要注意人物フロイトと岸田秀の『ものぐさ精神分析』

さて、次にフロイトそのものだが、フロイトはそもそもその独自の「精神分析」を発表した当座から、科学的ではないという批判を受けてきた。また当初は、その故地《こち》であるドイツ、その他欧米諸国が、性に関して保守的だったせいもあって、「性」を重視するフロイトは批判された。しかし戦後になって、西洋で「性の解放」が進むと、一般人の精神分析への信頼が広まり、米国では、一九五〇—六〇年代に、中産階級の多くが精神分析医に掛かるという状況になった。パリ、ブエノスアイレスなどでも、精神分析は盛んだった。

しかし、それらの実践は、高額のカネをとるわりに、実際の神経症の治療には役立たないということが分かってしまった。というのは、フロイト当時のウィーンでは、同時代の英国や米国と同じように、中産階級の未婚の娘が性的な言葉を口にしてもいけないという（「脚《レッグ》」とすら言ってはいけなかった）厳しい性道徳の社会だったから、その抑圧から神経症になる者が多く、フロイトはそういう娘たちには結婚を勧めたし、分析の場で抑圧を解いてやることもできた。

ところが、一九六〇年代には、米国を中心として「性革命」が起き、性規範はどんどん緩《ゆる》くなっていったから、そういう古典的な神経症はあまりなくなった。特に、知的な人物なら、精神分析を受ける前にフロイトの本を読んでいるから、「あなたは本当はお父さんを憎んでいて、お母さんと寝たいと思っているのです」と言われても、今では驚かないだろう。

日本では、フロイトを読む者はいたが、それが改めて広まったのは、むしろ一九七〇年代で、それは岸田秀のエッセイ集『ものぐさ精神分析』*3（一九七七、のち中公文庫）が、伊丹十三《いたみじゅうぞう》などが絶賛して、じわじわと読者を獲得していったせいである。岸田のこの本で展開された「黒船＝心的外傷《トラウマ》」説は、その後もくり返し説かれ、いわば近代日本文化論の一つとなって受け入れられた。

岸田は、鎖国していた日本が、米国の提督マシュー・ペリーの率いる黒船によって無理やり開国させられたのは、いわば強姦《ごうかん》のようなもので、強姦の際に、女がその事実を合理化しようとして相手の男を好きになってしまうように（と当時はよく言われたのである。また「ストックホルム症候群」の一種ともいえる）、米国に対して、愛憎の入り混じった感情を抱くようになった、と、精神分析めかした表現で述べたのである。

岸田は、早大の心理学科を出て、フランスのストラスブール大学に留学し、博士号をとったと言っていたが、のち調べてみると博士号取得の記録がなかったなどと言っており、どうもとってはいなかったらしい。和光《わこう》大学教授を務め、フランス語の精神分析の翻訳などしていたが、四十を過ぎて『ユリイカ』にエッセイを断続掲載したのが『ものぐさ精神分析』で、その後は、一躍有名エッセイスト（世間的には精神分析学者）となった。

しかし、この理論はおかしいのである。岸田の言い方だと、まるで日本人というのは百人くらいしかいなくて、浦賀沖《うらがおき》に現れたペリー艦隊を見てショックを受け、以後トラウマを引きずり、しかもそれが子孫に遺伝したように思えるのだが、そもそも、ペリー原罪説というのは、日米開戦の前からあったもので、東京裁判の時にも石原莞爾《いしはらかんじ》は、日本の植民地主義を批判するなら、日本にそれを教えたペリーを裁け、と言っているし、作家・林房雄《ふさお》は『大東亜《だいとうあ》戦争肯定論』で、アヘン戦争やペリー来航以来、「東亜百年戦争」が続いているのだと述べている。

だがむろん、ペリー艦隊を目撃したのは、ごく一握りの、浦賀辺りの日本人らでしかなく、直接米国などと交渉したのは、幕府、そして明治政府の高官たちである。

では、他のアジア・アフリカの国々はどうなのか。清国―シナにとって、アヘン戦争のトラウマというのはないのか、インドネシアにとって、オランダ支配のトラウマは、インドにとって英国支配のそれは。そういったことを、岸田は全然考えていない。オランダの作家ルディ・カウスブルックは『西欧の植民地喪失と日本』（邦訳、草思社）で、太平洋戦争の結果、オランダがインドネシアを失ったことについて、今なおオランダ人たちは日本を恨んでいる、と書いている。

ダメな日本文化論、いや、ダメな議論というのは、たいていこうした欠陥を持っている。では他のこれこれはどうなのか、と問うことがないのである。自分の論を、いったん懐疑の目で眺めるということがない。何も、私の専門が「比較文学比較文化」だからといって、比較するのが得意だというわけではなくて、比較文学を専門とする人でも、ダメな日本文化論に陥るこ

＊3—『ものぐさ精神分析』……「歴史」「性」「人間」「心理学」「自己」について、フロイトの精神分析をもとに論じた本。人間は本能の壊れた動物であるから、本能の代わりに、自我や文化、国家といった幻想を作り上げた、と展開。

とは、大久保喬樹その人が示している。

「本当に日本だけか」という視点が欠けている

それは、『江戸幻想批判』（一九九九、新曜社、二〇〇八年に改訂新版）以来私が批判してきた、「お江戸は良かった」式の議論にも、当てはまる。そういうことを言う人は、だいたい富裕な町人を基準にして徳川時代を見ている。武士でも、大名から下層武士まで、農民や町人でも、豪農から貧農、都市貧民までさまざまな「日本人」がいるのに、それらの多様性を見ようとしないのである。いま「格差社会」などと言っているが、徳川時代が、現代とは比較にならない身分制社会で、激しい格差があったことは、少しでもものごとを知っている人なら分かるはずのことだ。

以前、NHKで『お江戸でござる』というヴァラエティ番組をやっていて、江戸時代がいかに平和でのどかだったかを伝えるものだったが、当時私は、そういう「江戸幻想」を批判していたこともあって、この番組など特に嫌だった。

嫌なら観なければいいのだが、そのころ私は月に二回ほど実家に帰っていて、両親は七時ころに夕飯を食べてしまうので、私ひとり、八時ころに台所兼食堂で食べていると、隣室から父が観ているこの番組のテーマ音楽が流れてきて、もうあの能天気な音楽も嫌いで、実に不快だったものである。

こういうものを観て「ああ、江戸に生まれたい」などと思う人がいたようだが、だいたい、想像してみるがいいのだが、電気もガスもないのである。冬の朝など、寒い中を起きて火を熾《お》こし、湯を沸かすところから始まって、もちろんスーパーマーケットもないし、陽が暮れてくると、行燈《あんどん》くらいしか明りがないのである。あとで詳しく触れるが、徳川時代は銭湯は混浴だったというので、日本人は女の裸体を見ても興奮しなかったなどと言う者が未だにいるのだが、昼間の露天風呂ならいざ知らず、建物内の銭湯などというのは、薄暗くて他人の裸など見えなかったのだ。

天然痘《てんねんとう》、結核などで人は簡単に死ぬし、盲腸炎になっただけだって、手術などできないから死んでしまうこともあった。しかも「江戸好き」の人は勝手に、自分が武士か豪商の家に生まれるものと決めつけているが、武士でも下級武士は貧しかったし、貧農、下層町人の暮らしなど、もちろん現代だって貧困層というのはいるわけだが、徳川時代の格差というのは、それは身分制社会なのだから容赦がない。

こういう「江戸ブーム」を煽《あお》っていた人のうち、マンガ家の杉浦日向子《すぎうらひなこ》は死んでしまったが、田中優子《たなかゆうこ》など、そんなに「お江戸」がいいなら、テレビなどという、徳川時代になかったものに出るのも、女の大学教授などというのも「お江戸」にはなかったのだから辞めて、電気もガスもない生活でもしてみたらどうか、と思ったものだ。

私はデールのように、日本文化礼賛のナショナリズム・イデオロギーから、悪しき「日本文化論」が出てくるのだとは思わない。そういう面もないではないが、日本の読書階層が、通俗小説などに飽きて、知的レベルがある程度まで上がった一九七〇年代に、ことがらを単純化して、日本人とはこういう民族なのだ、と論じるのが、面白くて、出すと売れたから、日本文化論は簇生《そうせい》したのである。実際の世の中というのは、複雑である。複雑さに疲れた人々が、単純な「論」を求めたのだ。

むろん、司馬遼太郎《しばりょうたろう》などは、小説の形で日本文化を語り、そこには、さほど大きな間違いはない。それも、小説という形式なればこそかもしれないし、何といっても、『街道をゆく』で世界中をめぐり、モンゴル語学科に学び、朝鮮をはじめユーラシア大陸にまで視野を広げていたからでもあろう。その司馬ですら、『菜の花の沖』で、「いじめ」というのが日本独自のものだ、と書く過ちを犯している。さすがにその後、いじめ問題に人々が関心を寄せ始めて、いじめは世界中にあることが理解されてきた。だが、これはまた、司馬にしてはずいぶん粗忽《そこつ》なミスで、英国のパブリック・スクールの陰湿さとか、世界中どこでもいじめがあることは、外国文学を普通に読んでいれば分かることなのに、と思ったものだ。

再び、岸田秀のこじつけ日本人論を探る

さて、岸田秀は、今ではそうでもないが、一時期よく読まれたし、私もまた、当初はその主張に説得されたもので、実は岸田理論を応用した吉田松陰《よしだしょういん》論などを書いて、「うまく書けている」と得意がっていたことがあるが、もちろんその論文は著書には収めず封印してある。日本文化論とはやや離れるが、私の岸田秀との決別について語っておこう。

それは岸田の『性的唯幻論《ゆいげんろん》序説』（文春新書、一九九九）から始まった。私はそれまでに、フェミニズムとか恋愛とかについて研究していたので、ずいぶん引っかかったもので、その際、岸田と往復書簡を交わし、これは『江戸幻想批判』の改訂新版に載っている（岸田の『ものぐさ性愛論』にも載っている）。

まず岸田は、性差別をするのは動物の中で人間だけだ、と言う。それはおかしい、性別役割分担など動物の世界にもふんだんにあることではないか、と私が批判すると、岸田は、自分が言っているのは精神的な意味での差別だと言う。しかし、精神というのは人間にしかないのだから、それではトートロジーだと、私は批判した。たとえば動物が「牝《めす》などというのは劣った生き物だ」などと考えるわけがないので、同義反復になってしまう。

私の批判を受け入れたのかどうか、詳しくは見ていないが、岸田は二〇〇八年にこの本を大幅改訂して文庫にした。しかし、立ち読みした私は「強姦するのは人間の男だけ」などとある

のを見て、やっぱりダメか、と思った。昆虫から類人猿まで、強姦はするのである。動物も強姦するし、昆虫のオスのペニスなど、簡単に抜けないように鈎型《かぎがた》になっていたりする。しかしそういうのは自然の摂理、本能であるが、人間は本能ではなく強姦をするのだと、岸田は言うかもしれない。何しろ岸田理論の原点は、人間は本能が壊れた動物だというところなのだから。しかし、人間にだって本能的な部分は残っているのであって、性欲などというのはその最たるものだろう。

ソーンヒル&パーマーの『人はなぜレイプするのか』（邦訳、青灯社、二〇〇六）は、動物も強姦することを示し、人間の性欲も動物の延長上にあることを論じた本だが、原著はフェミニストから袋叩きにあって、著者は「強姦を正当化するのか」などと言われたが、著者らは、動物もしているから人間もしていい、などというのは「自然主義の誤謬《ごびゅう》」だと退けている。それはそうで、ゴリラのオスなどは、新たにメスとつがいになると、そのメスが別のオスとの間に作った子供を殺してしまうが、だから人間もしていい、などとは誰も考えまい。

私はよく、フェミニズム嫌いだと言われるのだが、そうではなくて、こういう、事実を認めようとせず曲解するフェミニズムが良くないと言っているのだ。原理的には、よいフェミニストというのもいるはずだが、もしかすると、学問的に正しいことを言い始めたら、その人はフェミニストではなくなるのかもしれない。

岸田には、もともと、フェミニストぶるところがあった。それが、『性的唯幻論序説』では、反近代主義フェミニズムから、間接的な影響を受けていたようで、私が、まるでイヴァン・イリイチの論のようです、と言ったら、イリイチなど知らないと答えていたが、だいたい岸田は、精神分析以外の何かを、本格的に勉強した形跡がない。『ものぐさ精神分析』の評判が良かったので、続けて『二番煎《にばんせん》じものぐさ精神分析』『出がらしものぐさ精神分析』を出し、当時は、自分で「二番煎じ」だの「出がらし」だのと言うあたりに、みな好感を抱いたものだが、いざ読んでみたら、謙遜ではなくて本当に二番煎じ、出がらしだった。

また「ものぐさ」というのは、自分がものぐさだからだと言っており、当時は人々も、謙遜だと思っていたのだが、実は本当にそうで、その後もろくろく勉強もせず、耳学問だけで、埒《らち》もないエッセイ集を次々と出していた。柄谷行人《からたにこうじん》などは、一九九〇年代に「インチキ精神分析」と言っていたが、さすがに今ではあまり信奉者もいないだろう。

実は、心理学者とか精神分析医とか、のみならず普通の精神科の医師でも、自分自身が精神を病んだことのある人、ないし現在も病みつづけている人は多い。結局、自分の悩みを解決するために心理学や精神医学を学んだということが多いのだが、それが悪いというのではなくて、岸田もそうなのだが、自分の特殊な体験から理論を作りだしたりするから厄介だ。しかしそれについては、『ものぐさ精神分析』の「わたしの原点」や、『フロイドを読む』（河出文庫）に詳しいから、省く。

河合隼雄の「母性社会日本」の欠陥

さて、いよいよ河合隼雄（一九二八―二〇〇七）にいこう。河合は、京大理学部を出てから、スイスのユング研究所に留学してユング派分析家の資格をとり、京大教育学部教授となり、四十代から『母性社会日本の病理』[*4]（一九七六、中公叢書、のち講談社＋α文庫）のような日本文化論に手を染め、以後、児童文学の分析から、ついには古典的な文学作品の分析、日本文化論から仏教論まで、年を重ねるにつれて次第に著書の量が膨大になっていった人で、その辺は梅原猛と似ている。国際日本文化研究センター教授、名誉教授から所長となり、最後は文化庁長官を務めて、急死した。

はじめに言っておくが、ユング心理学というのは、学問の世界ではオカルトと思われていて、フロイト以上にまともに扱われていない。しかし、河合の著述は、次第にユングからも離れて、世間話の部類になっていった。

とはいえ、『母性社会日本の病理』の議論は、私は初めて読んだ時には深く納得したものである。これはもともと『中央公論』に掲載された評論で、父性は断ち切る性格をもち、母性は包容する性格をもつ（これはユングの理論だ）、そして西洋の、ユダヤ―キリスト教文化が父性的であるのに対して、日本は母性的である、甘い文化だ、と河合は言う。それを「病理」としたところが、肯定的日本文化論とは違うわけで、私の修士論文など、この「父性」と「母性」の対立を元に書いたようなものである（『八犬伝綺想』ちくま学芸文庫、絶版）。

たとえば河合は、日本の学校には飛び級制度がないし、高校以下では落第も少ないが、西洋では飛び級があり、大学でも、日本はいったん入学させたら、よほどのことがない限り卒業させるが、西洋では遠慮なく落第させ、退学させてしまう、と言う。なるほど、と私は思ったのである。

またその頃、ユングの高弟であるマリー＝ルイーゼ・フォン＝フランツ（女性）の『永遠の少年』（現在、ちくま学芸文庫）を読んで、こちらは震撼《しんかん》させられた。フォン＝フランツは、サン＝テグジュペリの『星の王子さま』を分析し、この主人公は「永遠の少年」という原型であり、常に、自分はいずれ何ごとか大きなことを成し遂げるという夢想を抱いているが、実際には何もせず、夢想に耽《ふけ》るばかりだ、というのだが、そういう人物はものごとをシニカルに眺め、警句めいたものを吐く、とくる。

＊4―『母性社会日本の病理』……対人恐怖症や登校拒否が増えた臨床の現場から、成熟できない日本人の病理と生き方を探る。

まったく、当時の、大学院生だった自分のことを言われているように思って慄然《りつぜん》としたものである。また「永遠の少年」は、現実の女性との接触を忌避《きひ》する、ともあって、それがちょうど翻訳の出たレスリー・フィードラーの『アメリカ小説における愛と死』（邦訳、新潮社）の、十九世紀米国小説の主人公たちは、女性性を忌避しているという論旨と合わせて、修士論文に使ったのである。

しかし、そういうことはその後、若者とか「オタク」とかについて、さんざん言われるようになったことで、フォン＝フランツは、そういう青年に、仕事をすることでその病的状態から逃れるよう忠告しているのだが、今になって考えると、東大へ行くような男というのは、若い頃はたいてい、こんなものである。そして、自意識に悩むのだが、仕事をするようになれば、自意識どころではなくなるのである。私はたまたま、長いモラトリアムを許された大学院生だったから、こんな本で震撼させられたのであって、三十過ぎてからではあったが、いざ大学に勤めて仕事を始めると、「永遠の少年」であることの罪悪感どころではなくなった。

さらに河合に話を戻すと、飛び級や落第があって厳しい西洋、というけれど、日本だって戦前は飛び級や落第があって厳しかったのであり、何のことはない、河合が「母性社会」などと言っているのは、戦後日本の、憲法第九条のおかげで徴兵制もなく、軍事を米国に委《ゆだ》ねたことからくる「平和ボケ」のことでしかないのではないか。

さらにその後、東大教授の苅谷剛彦《かりやたけひこ》『大衆教育社会のゆくえ』（中公新書、一九九五）などを読むと、一定以上の人数が大学へ行くようになると、それは「大衆教育社会」で、日本と米国は大学の数が多く、そうなると自然、経営のために学生にも甘くなるということで、むろんドイツなどは、十五歳くらいで将来の所属階層が決まってしまうという厳しい社会ではあるのだが、それなら戦前の、また明治の、いわんや徳川時代の日本も、そういう意味では「母性社会」でなどあったはずがないのである。

河合はこの評論を書く時に、日本ではタブーである「能力主義」に踏み込んでしまい、反撥を食らうのではないかと恐れた、と後に講談社＋α文庫版のまえがきで書いている。ところがそのタブー自体、せいぜい、高度経済成長以後、日本人の八十％が「中流」だと思っているという調査結果が出た頃からのもので、それが日本文化の特質だとは、これだけでは全然言えないのである。

学問的ではないユング心理学

ところでユング心理学というのは、神話学を普遍化するという面が大いにあって、だから河合は、物語の類型が顕著に現れる童話、ファンタジーなどを分析していたのだが、そこでたとえば、日本神話のスサノオについて、吉田敦彦《あつひこ》（一九三四―　、神話学、学習院大学教授）、湯浅泰雄《ゆあさやすお》（一九二五—二〇〇五、倫理学、筑波大学教授）との鼎談《ていだん》『日本神話の思想　スサノヲ論』（ミネルヴァ書房、一九八三）というのをやっている。吉田は、フランスの神話学者ジョルジュ・デュメジルに学んだまともな神話学者だが、湯浅は、元和辻哲郎《わつじてつろう》系の哲学、倫理学者ながら、ユングにのめりこみ、とうとうオカルトになってしまった人である。

ここで、日本神話の中から、暴れ者のスサノオがとりあげられて、母の国へ帰りたいと泣き叫び、乱暴を働き、姉の神であるアマテラスが天岩戸《あまのいわと》に籠《こも》ってしまう原因を作るこの男神が「バイトゴゴ」と呼ばれる神話の類型である、と言われていて、それはいいのだが、その後、日本人にはスサノオ性というのがあって、それが太平洋戦争のような無謀な戦争を引き起こしたのだと言っている。

どう考えたって、この論理展開は荒唐無稽《こうとうむけい》である。比較神話学の世界で、スサノオのような存在はほかにもいると言われているのに、なんでそれが日本人の特性になったり、果ては太平洋戦争になったりするのか。これは紛《まぎ》れもないトンデモ本で、しかしけっこう売れたらしく、あとで新装版も出ている。いくらユングにやられた二人が加わっているといっても、これはひどい。しかし、八〇年代というのは、中沢新一のオカルト本がブームになったり、浅田彰が、トラウマはトラとウマに別れて走り去る、などという冗談を、大真面目に紹介していたり、そういう学問的トンデモの時代だったのである。

ユング心理学というのは、こんな風に、神話を調べて、それを無造作に現代人に当てはめたりするから、まともな学問扱いされないのだが、河合などは、八二年に『中空構造《ちゅうくうこうぞう》日本の深層』（のち中公文庫）というのを出しているが、これは日本神話の三神、アマテラス、ツクヨミ、スサノオを取り出して、ツクヨミは正体がはっきりせず、中空構造であって、日本文化にはこの中空構造が深層としてあるというのだが、実にバカバカしい。こんな途方もないことを言っていて、大学者扱いされるのである（ただし、学問を重んじる日本学士院などでは、河合などは相手にされなかった）。

　ユング心理学がオカルトであることは、リチャード・ノルの『ユング・カルト―カリスマ的運動の起源』（月森左知《つきもりさち》、高田有現《ゆうげん》訳、新評論、一九九八）と『ユングという名の〈神〉―秘められた生と教義』（老松克博《おいまつかつひろ》訳、新曜社、一九九九）に詳しい。しかし後者の訳者・老松（一九五九― ）はユング心理学者、大阪大学人間科学研究科教授で、『スサノオ神話でよむ日本人―臨床神話学のこころみ』（講談社選書メチエ、一九九九）などを出しているのだから、ノルの本を読んでも、ユングを信奉している人が反省するというわけではなさそうだ。

　しかしユング心理学者が阪大教授をしているというのも、やはり阪大ならではで、京大にはれっきとした精神分析学者がいるし（新宮一成《しんぐうかずしげ》と立木康介《ついきこうすけ》）、関西はこういう非学問に甘いようだ。東大の心理学研究室や医学部には、私の知る限りフロイトや、ましてやユングをやっている人などいない。ただ文学研究者で、精神分析、特にラカンなどをやっている人はいる。
しかし東京だからといって油断はできない。「心理学者」というよりエッセイストの香山《かやま》リカは、立教大学現代心理学部教授だし、明治大学文学部には、歴然たるオカルトであるトランスパーソナル心理学を専攻する諸富祥彦《もろとみよしひこ》がいる。もちろん、多摩美大には、オカルトブームの帝王とも言うべき中沢新一がいるし、亜インテリに人気のある茂木健一郎《もぎけんいちろう》なる「脳科学者」もオカルトだし、その茂木を「擬似《ぎじ》科学」と批判している斎藤環《たまき》も、フロイト派だから、学問的とは言えない。

断っておくが、書店へ行って『対人関係の心理学』とか『恋愛の心理学』とかいう本がたくさんあっても、それらはみな「通俗心理学」であって、学問としての心理学ではない。東大の心理学研究室でやっているのは、そんな大衆の興味などまったく引かないような、知覚のメカニズムの実証的、実験的、科学的研究である。

もちろん岸田秀や小倉千加子《おぐらちかこ》のように、そんな心理学などちっとも面白くない、と思うのは自由だし（ただし小倉は神戸大学で医学博士号をとっている）、たとえば河合隼雄が「箱庭療法」の第一人者だといわれたように、科学性には乏しくても、セラピストやカウンセラーの存在が無意味だというわけではない。誰にも言えない悩みを抱えている患者の話を聞いてあげるだけでも意味があるし、実際には家族に問題があるのに、そのことに気づいていない患者に、それを気づかせたりするなら、科学性は乏しくても、いいカウンセラーだと言えよう。いわば、職人なのである。

近代になっても、人はなかなか非科学的な迷信とは手を切れなかった。だから今では、大学で博士号をとった女性が、鏡リュウジのオカルトを信奉していたりするが、それは、若者がダメになったからではなくて、そういう若者までが博士号をとるようになった、というのが正しいのである。

東北大の工学系大学院を出た後藤和智《ごとうかずとも》は、『おまえが若者を語るな！』（角川ｏｎｅテーマ21、二〇〇八）で、宮台真司《みやだいしんじ》、香山リカらの「俗流若者論」を批判したが、論旨はおおむね正しいとしても、やや倫理的な怒りが前面に出ているのは、営業戦略だろう。若者批判であろうが礼賛《らいさん》であろうが、学問としてダメなものはダメなのである。そういう意味では、後藤と共著を出した東大教授の本田由紀《ほんだゆき》の論にも、おかしな所はある。

インチキ文化論は「比較」すら忘れる

「比較」をしていないおかしな論としては、京大教授で霊長類学者の正高信男《まさたかのぶお》（一九五四―）の、ベストセラーになった『ケータイを持ったサル―「人間らしさ」の崩壊』（中公新書、二〇〇三）がある。その当時、いつでも携帯電話を持って、その画面に見入っている若者の姿を嫌がる大人が多かったもので、正高はそれに乗って、日本の若者がダメになったのは、モンゴロイドはネオテニー（幼形成熟《ようけいせいじゅく》）だからだと珍説を展開したのである。

当時、宮崎哲弥《みやざきてつや》（一九六二―　）がこれを激しく批判し、この本を褒めた斎藤貴男《たかお》まで罵倒に近い扱いを受けたものだが、実は当時『週刊文春』の書評で、エッセイストの岸本葉子もこの本を褒めていて、恐らく宮崎のことだからそれを知らなかったのではなく、見逃していたのだろう。岸本さんが、そういうことを知っていて冷や冷やしていたのか、何も知らなかったのかは、知らない。

ネオテニーというのは、動物学で、幼形のまま成体になることを言うもので、たとえば、チンパンジーの子供の顔は人間の顔に近いから、人間は類人猿のネオテニーである、などと言われるが、モンゴロイドはネオテニーだなどというのはまったく噴飯《ふんぱん》ものである。

しかし、問題にしたいのは、そのことではない。正高が、では他国では、若者が携帯依存症的になっていないかどうか、考えていなかったことが問題なのである。実際には、米国や韓国でも、あるいはヨーロッパでも、携帯電話が普及すると、若者に限らず、多くの人がそういう状態になっていたのである。

世界中の情報がインターネットですぐ入手できるかのように言う人も多いが、しょせんそれは英語が読めて適切なサイトが探せるような一握りのインテリの話でしかないのである。そして結局、他国でも同じだということになれば、正高の、日本の若者だけがダメになったかのような議論は、根本《こんぽん》から覆《くつがえ》るのである。

もっともさらに言えば、では過去の若者はそんなに立派だったのか、ということになる。戦前、明治、徳川時代と遡っても、ダメな若者などたくさんいたのである。いや、いたのではないか、と考えてみることもしないのが、ダメな若者論者や、日本文化論なのだ。

管賀江留郎《かんがえるろう》というふざけた筆名の人物が出した『戦前の少年犯罪』（築地書館、二〇〇七）なども、いわばその種の「最近の若者は」論のアンチテーゼとは言えるだろう。もっともこの本は、ふざけた、斜に構えた、世間を舐《な》めた文体が実に耐え難いのと、著者が仮想敵としている、戦前は教育勅語があって教育がしっかりしていたから、残虐な少年犯罪はなかった、と言っているのが誰なのか分からないという、論としての欠陥を持っていた。どうやら、濤川栄太《なみかわえいた》と竹村健一の『これでいいのか！ 日本の教育 残虐化する少年犯罪』（太陽企画出版、一九八九）あたりらしい。まあ、そういう「保守派」の人であろうとは思ったが、きちんと議論をしたいなら、「こういうことを言う人がいるが」などとぼやかして書くのではなく、ちゃんと誰それがこうこう言っている、と書かなければダメである。

もちろん、近代文学とか近代史の勉強をしている人なら、戦前にも残虐な少年の犯罪があったことくらい知っているのであり、だいたい私はそういう「過去の美化」を批判すべく『江戸幻想批判』を書いたのに、くだらんいちゃもんをつけてきたのが実はこの男なのだから、悪く勘ぐれば彼は、近代＝悪、近世＝よりまし、論者なのではないかと思えてしまう。

私たちは、何か悲惨な事件の報道があったりすると、「昔はこんなことはなかった」と、なぜか思ってしまう。この「昔は良かった」思想というのは、そんなに新しいものではない。シナの歴史書を見れば、伝説の時代においては、三皇五帝《さんこうごてい》が治める理想社会だったのが、堕落してきた、という風に書いてあるし、平安時代に流行した末法《まっぽう》思想でも、仏陀入滅《ぶつだにゅうめつ》後に、正法《しょうほう》の時代が五百年、像法《ぞうほう》の時代が千年続いて、末法の世が来ると言われ、平安時代中期にちょうど末法の世になるというので、ひとしきり騒がれた。

またヨーロッパでも、古代のギリシア、紀元前の共和制ローマなどを理想と見て、ルネッサンスはその時代の学藝を復興する動きだったから、これも一種の過去美化であろう。ヒトラーもまた、古代ギリシアの健全な社会を理想とした、とされている。あるいは、ルソーの、よく「自然に帰れ」と言われる思想もそうで、ルソーが本当にそう言ったかは分からないが、「高貴な野蛮人」というのは明らかにルソーの思想で、野蛮人は高貴な精神を持っていたのに、近代人は堕落してそれを失ったというものだ。これは、「ロマン主義」といわれるものの重要な一つの側面だが、ウォルター・スコットのような英国の詩人は、中世を理想とした。またルソーは近代思想に大きな影響を与え、たとえばマルクスが、原始共産制というものを想定して、かつては身分差別などのない平等社会だったのに、次第に権力を蓄《たくわ》える者が現れて身分制社会になった、としたのも、それである。

さらに、「高貴な野蛮人」の思想は、たとえば十八世紀フランスの啓蒙思想家モンテスキューの架空の書簡集『ペルシア人の手紙』（邦訳、岩波文庫）のように、フランスを訪れたペルシア人が、郷里に宛てた手紙という形をとって、なぜ西洋人はこのように戦争を好むのでしょう、などと書かれており、要するに西洋文明批判になっているのである。

あるいは、西洋人がアメリカ大陸を発見したあと、フランシスコ・ピサロやエルナン・コルテスなど、コンキスタドールと呼ばれる冒険・征服家たちによって、インカ帝国やアステカ帝国が滅ぼされたこと、多くの先住民が虐殺されたことはよく知られている。この時、イスパニアの司祭ラス＝カサスは『インディアスの破壊についての簡潔な報告』という文書を書いて、そうした行為を非難した。この文書はこの題で岩波文庫に入っており、読み継がれているが、その解説までちゃんと読むと、この文書はむしろ、英仏などの国による、イスパニア批判に利用されてきたことが分かる。

「昔は良かった」式の論はタチが悪い

私たちはしばしば、西洋人は十八世紀以降の歴史を誇り、東洋や未開民族をバカにしてきたと考えがちである。だが、西洋人の中にも階層というものがあり、政治家や大衆はそうであっても、知識人は、往々にして、東洋の叡智《えいち》を礼賛したり、物質文明に侵《おか》された西洋を批判したりしてきたのである。かつて、日中韓での歴史認識の違いなどが激しい論争になっていた時、柄谷行人は、韓国でも米国でも、知識人は自国のナショナリズムに対して批判的だ、と書いていた。むろん日本にも、「保守派知識人」というのはいるが、多くは「左翼知識人」で、自国ナショナリズムに批判的である。

この事実を的確に踏まえておかないと、私たちは、「アメリカ人は傲慢である」式の杜撰な比較文化論やら国際関係論に足をとられてしまうのである。米国でももちろん、ヴェトナム戦争の当時から反戦論は盛んで、それはイラク戦争に至るまで続いている。

その話はまた改めてするとして、「昔は良かった」式の論については、『大草原の小さな家』という、ローラ・インガルス・ワイルダーの自伝的小説を原作としたテレビドラマに描かれる「古き良きアメリカ」の幻想やら、向田邦子《むこうだくにこ》（一九二九—八一）の描く戦前の中産階級の生活を見て、戦前は良かった、と夢想する、といったことがある。

「古き良きアメリカ」に関しては、このドラマなどは原作からも懸け離れているし、あんな完《かん》璧《ぺき》な父親がいるはずがないことは、大人なら分かるだろう。大抵のアメリカ人に尋ねると、「あれはウソだ」と言う。

しかし、向田邦子となるとタチが悪い。向田は、一九八一年に、台湾の飛行機事故で死に、戦前を描いたドラマとしては『あ・うん』、また『父の詫び状』その他のエッセイが残っただけだが、久世光彦《くぜてるひこ》のようなテレビプロデューサーが、その世界にほれ込んで、向田原作のドラマ、あるいは向田風の世界を描いたドラマを作り、筒井ともみの脚本による『響子』や、あるいは幸田文《こうだあや》の娘の青木玉《たま》のエッセイを原作とした『小石川《こいしかわ》の家』などが放送された。

暗黒の時代と認識されていた、昭和の戦前を、美化する人はそれまでにもいたが、日本の知識的大衆が、昭和戦前について、美化されたイメージを持つようになった大きな要因は、これらの「向田邦子風ドラマ」であったろうと、私は思う。それらが、ほぼ三十年にわたって続いているのである。

本来なら、「左翼」が、もっとこういう「戦前美化ドラマ」を批判すべきなのだが、それが（たとえば新聞などで）あまりなされていないのは、向田が死んでいるためと、彼らに政治的意図がないためもあろうが、いちばん大きいのは、それらのドラマでは、軍国主義や戦争が「悪」として描かれているからだろう。そうである以上、現在の凡庸な左翼には、批判できない。

もっと分かりやすい例をあげれば、山田洋次監督の映画『母《かあ》べえ』（二〇〇七）がある。これは、黒澤明のスクリプターをしていた野上照代《のがみてるよ》の原作（現在中公文庫）を映画化したもので、劇中で、社会主義思想の持ち主である文筆家の父は、警察に捕らえられて獄死する。父は野上と呼ばれ、次女は「照《てる》べえ」と言われているから、事実のように見えるが、父の獄死はフィクションである。それはともかく、母は戦争を憎み、献身的に夫を支える。だから、「家族」は美しく、戦争や軍部は敵として描かれる。

それらが、絵空事だというのだ。向田が描く当時の男たちは、必ずしもよき夫ではないが、しょせんは中産階級の、しかも東京に住んでいる、恵まれた階級の家族でしかなく、とうてい当時の日本人全体の平均像とは言えないのである。

以前、シナ文学者の高島俊男が、そのことを指摘したら、あたかも大発見のように書かれていたことがあって、私は驚いた。『あ・うん』に描かれているような家族が、経済的に言って、当時の一般的日本人だとでも、みな思っていたのか。

あるいは、NHKの朝の連続テレビ小説と呼ばれるドラマが、戦前を描くときは、たいてい、この「中産階級」の姿を描く。なお「中産階級」というのは、最近の日本人が「中流」だと思っているそれではない。ちゃんと土地家屋《かおく》を持ち、財産も相応にあり、女中や下男を置いている家のことだ。『マー姉ちゃん』というのは、漫画家・長谷川町子の姉を主人公としたドラマだったが、この長谷川家というのは、叔父が帝大卒の代議士をしていたという立派な家柄なのである。

むろん、その背後には、都会、農村を問わず、人数としては遥かに多い、下層階級の人々がいたのだが、こうしたドラマは、そういう姿を描かない。だから、「昔は良かった」と思う人々は、今でいえば「お金持ち」の家庭を見て、それを当時の一般的日本人だと思っていたりするのだ。

「日本文化論」の多くが怪しいのは、結局それらが扱っている題材（小説や実録）が、こうした、前近代なら公家、武家、豪商、近代ならエリートたちの生活に取材して構成されていることがほとんどだからである。

十一月二十三日は「勤労感謝の日」とされて国民の祝日になっている。これはもともと、朝廷における新嘗祭《にいなめさい》という、稲の実りを祝う行事の日を祝日にしたものだが、私が高校生から大学生のころ、ＮＨＫ総合テレビでは、祝日の朝には映画を放送しており、勤労感謝の日には、労働者を描いた映画を放送した。今井正《いまいただし》の『米』とか、家城巳代治《いえきみよじ》の『裸の太陽』などで、私はけっこう好んで観ていた。特に、鉄道機関士を描いた後者は、名画である。

しかし、衛星放送ができて、映画はもっぱらそちらで放送するようになり、さらに社会主義の退潮やソ連の崩壊のゆえか、こういう「労働者映画」が放送されることは滅多になくなった。

私はこれを、残念なことだと思っている。

戦後、日本の知識人の多くが、マルクス主義を信奉していた時代に、こういう「労働者映画」はよく作られ、かつ評価されたものだ。また、戦後の児童文学界は、日教組《にっきょうそ》や共産党に結びついて、読書感想文課題図書として、左翼的な児童文学作家による、戦争の苦難や、貧しい人々を描いたものをよく読ませていた。

私は子供心に、そういう読み物をつまらなく感じ、「怪盗ルパン」のような冒険物語のほうをずっと面白く感じたものだが、子供がそう思うのはいいとして、いい大人が、戦前の中産階級の生活を、当時の平均的な家庭だと勘違いするなどというのは、ほとんどお笑《わら》い種《ぐさ》だ。なのに、なんとなくそういう勘違いをしている日本人は、少なくないのである。

第二章 「本質」とか「法則性」の胡散臭さについて

——それはヘーゲルの『歴史哲学』から始まった

文化の本質などという“ないもの探し”をするな

しかし、くりかえすが、「日本文化論」は、ナショナリズムから発生したイデオロギー的なものだ、というわけではない。むろん、中にはそういうものもあるが、根はさらに深く、実際には西洋にも、インチキ学問の滔々《とうとう》たる流れがあるのである。ある種の「日本文化論」は、その流れのひとつのあらわれに過ぎない。

たとえば、「天皇制の深層」とか「日本文化の本質」とか言う人がいる。しかし、そんなものは存在しないのである。そう言うと驚く人もいるかもしれないが、私が言っているのは、「評論」として、日本文化の本質は、と茶飲み話的に言うことはできても、学問的にはそんなものは引き出すことができない、ということである。

「本質」は、ドイツ語の Wesen《ヴエーゼン》 を訳したもので、ドイツ哲学系の用語だと言っていいだろう。

辞書的には、そのことがらの最も重要な特性、などとなっているが、むしろここでは、推理小説の犯人のような、唯一の隠れた性質というような意味で使われる。

しかし、インチキ学問でいわれる「本質」は、ありもしないものを探っていることが多い。たとえば「明治維新の本質」である。かつて歴史学者の間で、明治維新は「革命」かどうかで論争が起きたことがあるが、実にバカバカしい話で、明治維新は明治維新であって、「革命」かどうか論じても無意味である。

人民が起《おこ》して王を処刑したり共和制にしたものが「革命」である、といえば、ピューリタン革命、フランス革命、ロシヤ革命は当てはまるが、フランスの七月革命（一八三〇）で、ブルボン王朝のシャルル十世を追放してオルレアン家のルイ＝フィリップを王にしたのは革命ではないことになる。

要するに、西洋の歴史から何か普通名詞、つまりカテゴリーを作り上げ、それに日本の歴史を当てはめようとするのが間違いなのだ、と普通には考えられるが、実際はそうではなくて、歴史に法則性や、何か深い原因のようなものを探ろうとする行為自体に、非科学的なものが潜んでいるのである。

たとえば、日本史学者・本郷和人《ほんごうかずと》（一九六〇―　）の『天皇はなぜ生き残ったか』（新潮新書、二〇〇九）という本がある。本郷はここで、よく天皇は権力を捨てて権威として残ったと言われるが、実際には権威ですらなかった時代も長く、宮廷文化的なものの庇護《ひご》者として残ったのだとしているが、読者が期待するような、あっと驚く、ないしは、「深層」的な解釈はしていない。私は本郷氏とはしばしばメールのやりとりをしているから、私の考えも伝えてあるが、私の考えは、天皇制が続いたのは単なる偶然、あるいは、地政学的な問題だというものだ。

シナでもヨーロッパでも、王朝が変わるのは、しばしば、異民族の侵入を契機としている。島国の英国でさえ、ヴァイキングやノルマン人の侵入によって王朝が変わっている。しかし日本は、大陸との間に朝鮮半島という緩衝《かんしょう》地帯があって、元寇《げんこう》が失敗したのは、そもそもあの時来襲したのはモンゴル人ではなく、モンゴルに征服された高麗《こうらい》、つまり朝鮮半島の軍が中心だったから、やる気がなかったためで、神風が吹いたからではない。

歴史作家の海音寺潮五郎《かいおんじちょうごろう》は、承平《じょうへい》・天慶《てんぎょう》の乱（平将門《たいらのまさかど》・藤原純友《すみとも》の乱）の時に、危うく天皇は簒奪《さんだつ》されるところだったのを助かり、ついで元寇が失敗したために、日本人の間に天皇崇拝の念が生まれ、それで天皇制は続いたのだ、と書いていた。

当たらずといえども遠からずで、それでも、承久《じょうきゅう》の乱で上皇軍を打ち破り、後鳥羽《ごとば》法皇を流刑にした北条義時《ほうじょうよしとき》がその気になれば、あるいは足利義満《あしかがよしみつ》や織田信長が長生きしていれば、天皇はつぶれたかもしれない。ただ、その時々に、利用価値があったから残った。

ヨーロッパでは、王族というのは互いに姻戚《いんせき》関係にあるから、後継者がいなければ、他国の王族から王を迎えたりして、そこで王統が変わるが、天皇家はそういうことがなかったから、遠くから探してきても皇位に就けたし、そういう相違もある。

いずれにせよ、天皇制の構造そのものに、存続した理由があると考えるのは間違いで、それは結果から原因を探っているだけのことなのだ。いや、私が言いたいのは、歴史に法則性を見つけようとすることが間違いだということなのである。

歴史に法則性を見出したヘーゲルの罪

歴史に法則性があると言いだしたのは、おそらくドイツの哲学者、ゲオルク・ヴィルヘルム・フリードリヒ・ヘーゲル（一七七〇―一八三一）である。

学問というものが、進歩するとは限らない。人文・社会科学は、今なおヘーゲルのために非科学的なものであり続けている、と言っても過言ではない。ただ、プラトンのイデア論や、カントの「物自体《ものじたい》」論から、ヘーゲルがいなくても、誰かが似たような方向へ人文・社会科学を捻《ね》じ曲げていっただろう、とは思える。

ヘーゲルの書くものは、難解で知られる。カントでさえ、ヘーゲルに比べたら分かりやすい。しかし、それはヘーゲルが深遠なことを言おうとしているからではなくて、人間のなかに、ありもしない法則や体系を、ヘーゲルが見出そうとしたからである。

ヘーゲルの『歴史哲学』というのは、驚くべきもの、言いかえれば、驚くべきインチキである。人類の歴史というのは、アジア的専制、ギリシア的な民主国家、そしてゲルマン的な理性の統治へと発展する、というのがヘーゲルの歴史哲学で、こうした考え方はマルクスに継承され、近年のジャン＝フランソワ・リオタール（一九二四―九八）の『ポストモダンの条件』や、フランシス・フクヤマ（一九五二― ）の『歴史の終わり』にまで続いている。リオタールの本は難解なのだが、どうやら、「大きな物語」が終わったのがポストモダンだということらしく、フクヤマは、既に「歴史」は終わりつつある、と言っている。

しかし、これはまったく学問的裏付けのない妄想、空理空論としか言いようのないもので、英国の学者、カール・ライムント・ポパーは『歴史主義の貧困』（邦訳、中央公論社、一九六一）で、こうした歴史法則主義を徹底的に批判した。この本の邦訳題は、しかし誤解を招く。「歴史法則主義の貧困」とでもしたほうが良かっただろう。

カール・ポパーは、何が本当に学問であり科学であるといえるのかを論じ、「反証《はんしょう》可能性」という概念を提示した人だが、基本的に自然科学を対象としており、せいぜい社会科学にも触れているが、人文学についてはほとんど何も言っていない。

マルクスの『ルイ・ボナパルトのブリュメール十八日』という本があり、薄くて岩波文庫にも入っている。一八四八年にフランスは二月革命で王制を倒し、第二共和政を立てたが、ナポレオン一世の甥《おい》のルイ＝ナポレオン・ボナパルトが大統領になり、五一年にクーデタを起して自ら皇帝ナポレオン三世になった事件を扱ったもので、ブリュメール十八日というのは、初代ナポレオンが起したクーデタのことである。

ここでマルクスは「歴史は繰り返される」というヘーゲルの言葉を引いて、「一度目は悲劇として、二度目は喜劇として」と書いている。これは、ナポレオン三世がバカにされていたことを用いて、適当に言ったことに過ぎず、単なるエスプリ、つまりジョークの類であって、ヘーゲルの言葉ともども、何ら学問的意義はない。しかるに現代でも、細川護熙《もりひろ》が総理になった時に、細川が近衛文麿《このえふみまろ》の孫であるところから、浅田彰らが「ボナパルティズム」などと言っていたが、これまた何ら学問的正確さとは無縁である。歴史哲学というのは、かくもバカバカしい、思いつきでしかないのである。

あるいは、アレクサンドル・コジェーヴ（一九〇二―六八）というヘーゲル学者が、『ヘーゲル読解入門』（邦訳、国文社）として訳された書物で、歴史が終わったあとは、日本的スノビズムか動物化が進むと、思いつきで書いたのを真に受けている人々もいて、東浩紀などは、『動物化するポストモダン』（講談社現代新書）などというものを書いている。「日本的スノビズム」などというのは、徳川時代についての一知半解《いっちはんかい》から出たもので、取るに足らないのだが、日本人は、西洋人から日本について何か言われると過剰反応する癖があるので、本気になった人がいたらしい。

「動物化」などというのも、『退屈論』（河出文庫）で私が述べたとおり、動物は退屈しない、少なくとも退屈を紛《まぎ》らわすために何かを作り出したりはしないので、とうてい人間には当てはまらない。ヘーゲルの言うことなどを真に受けると、次々とこういうことが起きて、しかもそれが極東の島国で起きていて、まともな学者は相手にせず、ただ愚かな知的なつもりの若者たちが本気にしているだけというのは、こちらのほうがよっぽど喜劇ではあるまいか。

最近では「人文科学」とはいえないのではないかというので、「人文学」ということが多いが、私は、社会科学もだいぶ怪しいのではないかと思っている。

意味のない歴史区分を盛んに論争する学界

難しい話が続いたので、少しわきに逸《そ》れると、井上章一は、言説《げんせつ》史という方法をとって、学問のあり方を批判し、日本文化論をも批判してきた人で、その優れた成果が『つくられた桂離宮神話』『法隆寺への精神史』『南蛮幻想』などである。

だから、その井上さんが『日本に古代はあったのか』（角川選書、二〇〇八）を出したときは、どうして井上さんがこんなものを、と、分かっていると思っていただけに、対応に困ったものである。

ここで井上は、日本の中世は、鎌倉時代の始まった十三世紀ころなのに、西洋史では、西ローマ帝国が滅びた五世紀あたりになっている、なぜ八世紀もずれるのか、と言うのである。なぜと言われても困るのであって、古代だの中世だの近世だの近代だのというのは、ただの便宜《べんぎ》的時代区分であり、小西甚一《じんいち》の『日本文藝史』を見れば、日本文学史の区分に対して、アイヌや琉球の文学では、十八世紀あたりまで「古代」が続いたことになっている。

あるいは、もしあと千年人類が生き延びたら、また時代区分も変わってくるはずで、たとえば藤原定家《ていか》に『近代秀歌《しゅうか》』という著作があるが、これはもちろん、当時の「近代」だし、『機動戦士ガンダム』では、ギレン・ザビが、父親のデギンから、お前はヒトラーのようだ、と言われて「ヒトラー、中世紀の人物ですな」と言っている。たぶん、これは紀元三千年くらいの世界で、その頃は二十世紀は中世紀になっているのか、と思ったものだが、そんなものである。

しかし、井上さんは、鎌倉幕府が成立しても、京には宮廷政治や宮廷文化が続いていたのだと、京大出身者の立場から言いたいらしく、そんな時代区分は、関東中心思想にとらえられた東大の学者が言いだしたのだ、と言いたいらしい。私としては、これは井上さんのちょっとした冗談だと思いたい。

だが、冗談で済まないのは、国史学の世界でも、これと五十歩百歩の議論をしているからである。たとえば、平安時代を研究する国史学者というのはあまりおらず、というのは、古代でも中世でもないからだ、というのを読んだときには（保立道久《ほたてみちひさ》『平安王朝』岩波新書）、啞然《あぜん》として、なんと窮屈《きゅうくつ》な世界だろうと思ったものだ。

私も、国文学や国史学の世界を瞥見《べっけん》することがあって、個々の学者は時代別に専門を決められ（決めさせられ）、そこから逸脱して、中世専門の人が近世に口を出したりすると、いじめられて異端学者にされたりする、というのを知っている。なお国文学では、平安時代は「中古《ちゅうこ》」という便宜的な呼称で呼ばれている。

実にあほらしい話である。近代をやるには徳川時代も知らねばできないだろうと思うのだが、それをやると「侵略」になってしまうらしい。しかし、こういう話を、保守的な学者に向かって披瀝《ひれき》すれば、きっとその人は、なぜそういう区分が必要であるかと、延々とあなたに向かって説き出すだろうが、それはいわば、村の古老《ころう》が、一見ばかばかしい村のしきたりが、どのようにして形成されたかを語っているようなもので、その時その人は、学者ではなくて、アカデミズム村の古老になっているのだ。

さて、石母田正《いしもだしょう》（一九一二―八六）という、マルクス主義国史学者の、『中世的世界の形成』（一九四六）という著書があって、岩波文庫にも入っている。国史学の古典であるという。南伊賀《いが》の黒田庄《くろだしょう》という東大寺荘園《とうだいじしょうえん》の歴史を、十世紀から十六世紀までたどり、古代的権威である東大寺に対して、民衆がいかに抵抗したかを論じ、これぞ中世的世界だ、というのだ。まあそれは、民衆史観だからしょうがないし、別にこの本が無価値だというのではない。

しかしそれに対して、いま国史学の人々が盛んに議論しているのは、「権門体制論《けんもんたいせいろん》」の是非である。「権門体制論」というのは、黒田俊雄《くろだとしお》（一九二六―九三）という国史学者が、一九六三年に発案した説で、それまで、中世日本というのは、宮廷、武家政権、寺社勢力の三派鼎立《さんぱていりつ》とされていたのを、公家、武家、寺社がそれぞれ権門勢家《けんもんせいか》として相互補完的関係にあった、とするものであるらしい。

らしいというのは、黒田の最初の論文「中世の国家と天皇」（岩波講座『日本歴史 中世2』）を読んでも、何だかよく分からないからである。黒田はここで、空理空論と言われようとも、少し理論的なことも言ってみたい、というようなことを言っている。

それからあと、国史学者はずいぶんいろいろ議論しているようだが、私はこういう議論の仕方に根本的なバカバカしさを感じる。

いったい、日本の中世という、便宜的に分けられただけの時代を、なんでひとつの概念でまとめる必要があるのか、という疑問である。ある歴史学者が、「何々はむしろ古代的なものではないか」と書いているのを読んで、私はこれが非科学であるという確信を持った。

古代的だの中世的だの、そんな恣意的《しいてき》な区分は、学問とはいえないし、「権門体制論」などというのは、評論（非学問としての）でしかない。

〝学問的であること〟と〝トンデモ〟の違い

国史学とか、前近代の国文学というのは、比較文学というヌエ的学問を修めた私にとって、堅牢《けんろう》な実証から成る、ちょっとした憧れの世界だったこともある。空理空論など振り回さず、古文書《こもんじょ》とか古記録《こきろく》といった一次史料を用いて、地道《じみち》に実証的な研究をするというのが、国文・国史に対して私が抱くイメージだった。自分にはそういう、三十年もひとつの文書と取っ組むなどということはできないなあと思いつつ、ひそかに憧れを抱いていたものだが、この種のバカげた空理空論を国史でもやっていたのかと思ってすっかり幻滅したものだ。

もちろん、そういう下らない議論には加わらずに、実証ひとすじの人もいるのだろうが、いわゆる「論文」を見ていると、

「地道な実証＋おかしな意味づけ」

という構成のものが多い。意味づけなどせず、かくかくしかじかの史実があった、とだけ書けばいいものを、どうやら読むほうでも、意味づけがないと落ち着かないらしい。

なお、日本近代文学の世界は、昔からそうだが、かなり非学問的な部分が混じっている。文

藝評論とどう違うのかというような恣意的な議論が多いし、最近では何の必然性もなく、デリダやら西洋の「理論」を持ちこむのが増えてきたから、

「実証＋西洋の理論による味つけ＋評論のような意味づけ」

になっている。

日本の学問はダメだなどと言う人はときどきいるが、要するにヘーゲル以降、西洋の人文学の一部もダメなのである。

かつてよく読まれたらしい、岩波文庫に入っているベルンハイム（一八五〇―一九四二）の『歴史とは何か』の、文庫解説には「個々の事実を諸発展の全体に結びつけてとらえることこそ歴史学本来の根本問題だとする本書の論述は」などとあって、こりゃいかん、と思わせられる。

歴史学のほうで、こういう「法則主義」とか「理論」とか、例の「歴史観」というものを持ち出したのは、宗教史のエルンスト・トレルチ（一八六五―一九二三）、フリードリヒ・マイネッケ（一八六二―一九五四）、イタリアのベネデット・クローチェ（一八六六―一九五二）などである。

もっとも、それだって、初めは良かっただろう、と少しは思う。つまり「試論」、エッセイ、試みとして、概略《がいりゃく》を記したり意味づけをしたりする分には、良かっただろうが、もうそういうことはやり尽くされて、非科学的な空理空論の世界になってしまっているから、とうの昔にやめておくべきものだったのだ。

ほかにも、くだらない話として、鎌倉幕府が作られたのはいつか、という議論がある。昔は、源頼朝が征夷大将軍に任ぜられた一一九二年とされて、「いい《11》国《92》作ろう鎌倉幕府」などと覚えたものだが、今では、諸国に守護・地頭《じとう》を置いた一一八五年と、教科書には書かれているらしい。さらにさかのぼって、頼朝が旗揚げした一一八〇年とする人もいる。

しかし、なんでそんなことを決めなければいけないのか。一一八〇年から九二年までの間に、次第に鎌倉幕府の体制が整っていった、でいいではないか。なぜ決めなければいけないかといえば、教科書に書く必要があるからでしかないのである。歴史学は、高校教科書の「下婢《かひ》」なのか。してみると、何も人文学は、フランスのポストモダンで初めてインチキになったわけではなくて、ヘーゲルからインチキだったのである。

ヘーゲルの悪影響を受け続ける学者、評論家

そんなことを言うと、お前はヘーゲルが難解で理解できないから八《や》つ当たりしているのだと

言われるかもしれないが、だいたいヘーゲルを読んでいると、いったい何を根拠に、国家だの市民だのの性質というものを抽出《ちゆうしゆつ》して一般化しているのか、まるで分からない。

しかし、ヘーゲル以後の学者・評論家は、ずいぶんヘーゲルの影響を受けている。たとえばその『精神現象学』に出てくる、ソポクレスの『アンティゴネー』の話がある。アンティゴネーは、あの、実の母イオカステと結婚して子供を産み、そのことを知って自ら目をつぶして放浪の旅に出たオイディプス王の娘だが、オイディプスが去ったあと、アンティゴネーの兄ポリュネイケスが、テーバイの王の地位を求めて攻めてきて、やはりアンティゴネーの兄エテオクレスと戦い相討ちになる。王クレオン（イオカステの弟）は、反逆者だからというので、ポリュネイケスの埋葬《まいそう》を禁じるが、アンティゴネーはその命令を破って埋葬し、クレオンから死刑を宣告されて自殺する。

ヘーゲルはこれを、人の肉親に対する自然的感情と、国家の法との対立の例として挙げた。この、ギリシア悲劇を例にとって論述するやり方を、フロイトはまねして、オイディプス・コンプレックスの語を作ったのだが、ほかにも、スイスの法制史家バッハオーフェン（一八一五―一八七）は、古代社会は母権制だったという『母権制』で、ギリシア悲劇で、オレステスが、父の仇を討つために実の母クリュタイムネストラを殺害するのを、古代における母権制から父権制への転換を示すものだとした。

ヘーゲルの場合、まだ「例」だから良かったのだが、バッハオーフェンの場合、まるで実態としてそれがあったかのように書いているから、始末が悪い。のちに、母権制論は、レヴィ＝ストロースの『親族の基本構造』によって否定されたが、私の若いころは、まだ「母権制」というのが古代に存在したと信じている人がいて、バッハオーフェンの記述など出してくるものだから、えらく興奮したことがある。

文学作品を「例」として持ち出すのは構わないのだが、あたかもそれで「論証」をするような形になると、学問から逸脱する。歴史学者だって『平家物語』は参考にはするが、それを論証に使うことはないだろう。

しかし、さらに学問を捻《ね》じ曲げるのに貢献したのは、マックス・ヴェーバーである。社会学という学問は、未だに、何が社会学であるのか分からない、怪しい学問だが、私は大学一年の時に、一般教養の社会学で、折原浩《おりはらひろし》の授業をとり、当時折原は『デュルケームとウェーバー』という二巻の本を出していたので、それを買わされ、ヴェーバーの『プロテスタンティズムの倫理と資本主義の精神』という、当時は岩波文庫二冊で、大塚久雄と梶山力《つとむ》の共訳だったものと、デュルケームの『自殺論』という、当時はまだ中公文庫版がなく、「世界の名著」に入っていたものを読んだのだが、『自殺論』は圧倒的にすばらしい本だった。

人はどのような時に自殺するのか、という問題を、統計を駆使し、さまざまな統計処理を施して分析してゆく。そして、戦争の時には自殺者が減るという現象を、人は周囲から孤立した時に自殺しやすく、戦争の最中にはむしろ周囲との絆を強く感じるからだと説明し、アノミー性自殺という概念を打ち出してゆく。

もちろん、今ではその結論に対する疑義もあるだろうし、当時の私は、むしろその結論に興奮したようなところもあったが、何よりも、統計処理という方法に感銘を受けた。しかし、デュルケーム自身は、社会学のケース・スタディとしてこれを行ったようなところがあり、デュルケームの他の著書を読んでも、さして感銘は受けなかった。むしろ、最近、赤川学《まなぶ》・東大准教授が『子どもが減って何が悪いか！』（ちくま新書、二〇〇四）で行った、統計処理を駆使しての議論が、久しぶりにデュルケームを読んだ時以来の感銘を与えてくれたほどである。

しかし、ヴェーバーのほうは、ちんぷんかんぷんだった。結論のほうは、よく分かった。カトリックよりもプロテスタントのほうが、資本主義を推進する力を持っていたということらしい。日本では、織豊《しょくほう》時代から徳川時代初期、イスパニア、ポルトガル、イングランド、オランダなどの西洋人が来ていたが、たぶん、家康の顧問になっていたウィリアム・アダムズの入れ知恵だろうが、旧教国のイスパニアとポルトガルは布教に熱心だが、新教国のイングランドとオランダは、むしろ商売に力を入れていると言い、そのために、キリスト教が広まるのを嫌っていた幕府は、まずイスパニアとポルトガルを追放し、最後にオランダだけが残った。

それを考えると、そもそもオランダは商人たちが作った国だし、イングランドも民衆の勢力が強かったから、プロテスタントと商業は相性がいいのではないかと思われるのだが、それも、ヴェーバーがこの本を書くころには、プロテスタント国というわけではない日本が、資本主義的成功を収めつつあったのだから、その点でも疑わしいし、のちに、はじめ NICs (Newly Industrializing Countries) と呼ばれた、香港、台湾、韓国、シンガポールは、香港は国ではないというのでのち NIEs (Economies) と変わったが、これらが擡頭《たいとう》した際、ここではプロテスタンティズムの代わりに儒教が働いたのではないかなどと言われたものだ。

ヴェーバーの〝なんでも宗教還元主義〟も厄介

ヴェーバーの話に入る前に言っておくと、「日本文化論」に限らず、文化論というものは、宗教還元主義に陥ることが非常に多い。これもヴェーバーの影響なのだろうが、先に触れた、一神教論もそうだが、一時期、日本文化をむやみと神道《しんとう》で解釈しようとする「日本文化論」が多く、ただこれは明らかに、天皇制を支持する人々の、イデオロギー的なものだったと言ってさしつかえないだろう。

何でもかんでも宗教で説明しようとする人々もいるが、たとえばシェイクスピアの作品には、ほとんどキリスト教の影が差していないのみか、『冬物語』などは、最後にむしろ古代ギリシア風の異教的世界を描いている。また中世から、西洋の知識人は、キリスト教以前の古典古代を尊重していたし、十四世紀フィレンツェのカメラータで、古代ギリシア劇を復興しようという運動が、オペラの起源になり、近代になってからは、ギリシア神話やギリシア悲劇は、流行の観を呈し、フランスではラシーヌやコルネイユがギリシア悲劇を書き直し、英国ではシェリーの『鎖を解かれたプロメテウス』のようなものがあり、ドイツでも、ヘルダーリン、ハイネ、ヘッベルなど、異教世界への関心は並々ならぬものがあった。

西尾《にしお》幹二《かんじ》（一九三五―　）などは、その『国民の歴史』（扶桑社、一九九九、のち文春文庫）で、西洋人は多神教というものを野蛮なものとして軽蔑した、などと書いているが、そうした西洋近代の、古典古代への関心の集大成が、ワグナーの楽劇であり、ニーチェの『悲劇の誕生』なのだから、ニーチェの専門家が、天皇制とキリスト教を対立させるために、ずいぶん無茶なことを書いたものだ。この本が、ほかのところでは、後世のシナの史書が日本についていいかにいい加減なことを書いているかを示して、『魏志倭人伝《ぎしわじんでん》』など、とても信用できるものではない、とするなど、興味深いものであるだけに、いったん、ことがらが天皇にかかわってくると、とたんに事実を無視した論述に陥るのは、「右翼」日本人にありがちなことだ、と言わざるをえない。

これは前にも書いたことだが、今でもそういうことを言う人がいるのでくりかえすと、この西尾著に、「『GOD』を『神』と訳した間違い」という章がある。つまり、日本の「カミ」は、多神教的な、八百万《やおよろず》の神であって、一神教のゴッドをそう訳してはいけないというのだが、これは西尾の間違いで、西洋でも、ギリシア、ローマの神々を「ゴッズ」(gods)としており、これはドイツ語のゴッテンでもラテン語のデイでも同じことである。その後、『神道の逆襲』(講談社現代新書、二〇〇一)でサントリー学藝賞を受賞した東大倫理学科の菅野覚明《かんのかくみょう》(一九五六─)も、同書で同じことを書いていたから、注意しておく。

ところが、そういうことを言いだしたのは誰かと思っていたら、元東大教養学部教授の竹山道雄(一九〇三─八四)が、「ゴッド」を「神」と訳したのが大変な混乱を招いた、と書いているのを発見した(『竹山道雄著作集』第五巻「剣と十字架」、福武書店)。一九六三年の文章なので、このあたりが淵源《えんげん》ではないかと思う。私は竹山を、戦前はナチスを批判し、戦後は共産主義の正しさを信じる人々を批判した、熱狂を排《はい》する中正《ちゅうせい》な精神の持ち主として尊敬していたので、これにはがっかりさせられた。

その竹山の女婿《じょせい》で、私の師匠である平川祐弘《すけひろ》先生(一九三一─)も、『諸君!』誌上の、佐々淳行《さっさあつゆき》、櫻井よしことの鼎談《ていだん》(二〇〇六年七月号)で、森喜朗《よしろう》が「日本は天皇を中心とした神の国」と言ったのを批判されたのを擁護して、神が誤解を与えたのだから、神々の国といえば良かったとか、八百万の神としておけば良かったなどと、佐々と言い合っているが、「天皇を中心とした」がすっぽり抜けているのである。この間、さすがに櫻井は沈黙している。竹山も、たいへんな混乱と言っているのは、西洋人が、日本人は天皇を神として崇《あが》めている、と思ったから誤解を招いたと言いたいのだろうが、別にそれは「ゴッド」を「神」と訳したからではなくて、日本で天皇を「現人神《あらひとがみ》」と言っていたのだから、別に誤解ではない。むしろ小林よしのりが、天皇を本気で神だと信じていたのは、少国民世代、つまり平川先生のような、敗戦時に子供だった世代で、それより上の世代はそんなことは信じていなかった、と指摘した、そのことのほうが興味深い。

さらに、佐伯彰一《さえきしょういち》（一九二二― ）の『神道のこころ』（中公文庫）を見たが、さすがにアメリカ文学者で、世界中の文藝に通じる佐伯先生は、ゴッドを神と訳したのが間違いだなどとは書いていなかった。

『プロテスタンティズムの倫理と資本主義の精神』は本当に名著か

さて、ヴェーバーに戻るが、折原の本は異常につまらなく、何を言っているのかよく分からなかった。当時は自分が悪いと思ったものだが、そうでもなかったようである。私は折原が、「ヴェーバー学者」であるとは知らなかったが、羽入辰郎《はにゅうたつろう》（一九五三― ）が『マックス・ヴェーバーの犯罪』（ミネルヴァ書房、二〇〇二）を出して、『プロ倫』（『プロテスタンティズムの倫理と資本主義の精神』以下同）に資史料操作に関するインチキがあると指摘して、山本七平賞をとったあと、折原が激怒して、インターネット上で羽入を攻撃し、羽入批判の本を四冊も出して、遂には個人攻撃にまで至り、さらに、羽入のこの本に博士号を与えたのが東大倫理学研究室であるところから、文学部（人文社会系研究科）にまでねじ込んだと知り、やはり折原がそうとうおかしな人であることが分かったのである。

折原は、一九八八年の、中沢新一の東大での採用拒否事件の際も、当初から反対しており、そのことで西部邁《にしべすすむ》の攻撃を受けていた。しかし私自身は、その当時こそ、折原に悪意を抱いたものの、オウム真理教事件以後、中沢への批判なども耳にし、自身で、中沢の書くものが学問とはいえないと考えたため、折原の態度は正しかった、と思った。だが、六十になっても七十になっても、ヴェーバーの「方法」の研究ばかりしていて、その方法を一向に、現実の社会に適用しようとしない「社会学者」というのもおかしなものだとは思っていた。

『プロ倫』は、当時もよく分からなかったが、どうやら難解な書物らしい。難解といっても、カントのように、こちらの知識が乏《とぼ》しいことと、日本語訳が堅いことによる難解さや、ハイデッガーのように、言語でとらえきれないものをとらえようとするところから来る難解さではなくて、要するに、著者自身、まとまっていない難解さなのである。

ヴェーバーがここで用いた方法というのが「理念型《りねんけい》」（イデアルテュプス）というものだが、

これがまた分からない。要するに仮説形成でしかないと思うのだが、いったいなぜわざわざ理念型などという概念を作る必要があるのか、分からない。

しかもヴェーバーは、プロテスタンティズムというものが、商業を奨励するような性質を持っている、ということを証明したいのではなく、宗教的性質をまったく失ったプロテスタンティズムの精神という「理念型」が資本主義を発達させたと証明したいらしいのだが、それもまた分からない。なぜ、プロテスタンティズムそのものが、商人の勤倹《きんけん》努力を勧める性質を持っている、ではいけないのか。

もしかすると、その当時すでに、カトリックよりもプロテスタントのほうが、商業向きの性質を持っているということは知られていたのかもしれず、ヴェーバーは社会学の業績を作るために、わざわざ無理なテーゼをこしらえて、証明しようとしたのではないか。

もっとも、分からないのは、そんなに無理だらけの書物が、なぜ名著扱いされているのかということであり、また折原のような、「ヴェーバー学」などという奇妙な学を提唱するような、ヴェーバー信奉者がいるのか、というのが不思議である。自然科学の世界に、ニュートン学だのキュリー夫人学だのというものはない。

ただし人文学の世界でも、学者を研究対象にしてしまう領域というのがあって、それは日本の民俗学である。民俗学者と名乗る人の多くは、民俗学ではなくて、「柳田國男《やなぎたくにお》学」「折口信夫《おりくちしのぶ》学」「南方熊楠学《みなかたくまぐす》」という「民俗学者学」をやっている。

もう一つは、東大の倫理学あたりでやっている「和辻哲郎学」というのもある。だいたい、倫理学というのが、哲学とは別にあるのは、名古屋大を除く旧帝大くらいではないかと思うのだが、いちおう、哲学、倫理学、美学というのが、カントの言う純粋理性、実践理性、判断力の三つに対応しているとはいえ、少なくとも東大の倫理学あたりでやっているのは、倫理学というより和辻学であって、なぜか能楽の研究で倫理学の修士号をとったりするのは、和辻がやっていたからだという、実にわけの分からないことになっている。

「学問」に「古典」があるというのは本来おかしな話で、物理学者がニュートンの研究をしたりはしないわけで、ニュートンを研究するのは「科学史」という分野においてだし、国文学者が池田亀鑑《きかん》を研究したりすれば、それは「学説史」になる。

もっとも、本居宣長《もとおりのりなが》を研究する人はいるが、これがまた倫理学で、さきの菅野覚明や、阪大の「日本学」研究室（これは左翼的なところである）で子安宣邦《こやすのぶくに》などが盛んに論じていたが、これは「思想史」ということになるのだろう。これまたついでに言うと、子安は『「宣長問題」とは何か』というのを書いている。『古事記伝』のような、優れた『古事記』注釈書を著した宣長が、なぜ「馭戎慨言《ぎよじゆうがいげん》（からおさめのうれたみごと）」のような、偏狭なナショナリズムを説いたのか、というのが「宣長問題」だというのだ。宣長はこれで、上田秋成《あきなり》と論争しているのだが、いったいなんでそれが「宣長問題」になったりするのであろうか。

それなら、「徳富蘇峰《とくとみそほう》問題」とか「谷沢永一《たにざわえいいち》問題」というのもあるわけで、学問的に優れている人が、政治思想において偏《かたよ》っている、というようなことは、たとえば、優れた藝術家が、人間的には卑《いや》しかったり、酒乱だったり痴漢だったりすることはあるのであって、なにゆえ「問題」などと騒ぐのか、私にはよく分からない。

民俗学と日本文化論

さて、河上肇《かわかみはじめ》の『貧乏物語』という本があって、岩波文庫にも入っている。これは別に、河上が貧乏をしたという話ではなくて、この世から貧乏をなくすにはどうしたらいいか、という評論で、その結論は、金持ちが奢侈《しゃし》をやめることだ、というのである。

いくら何でもバカバカしい話で、大正時代とはいえ、二十世紀にもなって、経済学者が本気でそんなことを考えていたとは思われず、しかしベストセラーになった新聞連載だから、もしかすると金持ちへの敵意をかきたてるために、わざと学問的にはおかしなことを書いたのかもしれない。もちろん、岩波文庫では、過去の記念碑としてこういうものを出しているのであって、解説には、この結論は今では通用しませんが、と書かれている。

しかしいただけないのは、柳田國男の『海上の道』が岩波文庫に入っていることで、若いころ、伊良湖崎《いらこざき》で、南方から椰子《やし》の実が流れ着いているのを発見した柳田は、その話を友人の島崎藤村に譲り、藤村はあの有名な詩「椰子の実」を書いたわけだが、柳田は、最晩年になって、ボケたのか、日本人の祖先は、宝貝《たからがい》を求めて南方から移住してきた、と書いたのが、この『海上の道』で、学問的にはもはや全然ダメである。一九六一年にもなっていれば、こんな説が成り立たないことくらい分かっていたはずなのに、何か若いころの思い出にでも浸《ひた》りたかったのだろうか。もっとも、日本人の南方起源説というのはあるから、それはいいのだが、宝貝は関係ない。岩波文庫も、その辺を、文化人類学者による解説でもつければいいのに、よりによって大江健三郎の、柳田の想像力を讃《たた》える不適切な解説がついているだけだ。

民俗学が民俗学者学になってしまうのは、往年、大月隆寛《たかひろ》（一九五九―　）が『民俗学という不幸』（青弓社、一九九二）で述べたとおり、もはや調査すべき「民俗」など残っていないからである。また、民俗学に深入りする人というのは、やはりそうとうロマンティックな人なのだろう。

折口信夫というのも、根強い人気がある。折口には、釈迢空《しゃくちょうくう》の名による歌人としての仕事や、『死者の書』のような小説もあるのだが、肝心の学者としての仕事が、「大嘗祭《だいじょうさい》の本義」などはまだいいのだが、『古代研究』全体となると、実にしばしば何を言っているのか分からず、しかもまるで古代人と直接テレパシーで話したように、根拠も示さずに書かれている。だが、

『折口信夫論』を書いて三島由紀夫賞をとった松浦寿輝《ひさき》（詩人、フランス文学者、小説家、東大教授）などは、これが理解できるらしいのだが、その松浦の折口論なるものが、全編ちんぷんかんぷんなのである。実に珍妙だ。

哲学は学問と言えるか

マルクスやフロイトなら、その魅力にとりつかれるのも分かるのだが、ヴェーバーとなると、どういう機縁《きえん》でヴェーバー教徒になどなるのか、ぜひ『余はいかにしてヴェーバー信徒となりしか』というようなものを、折原とその一派に書いてほしいものだ。

さて、羽入は、『プロ倫』で、マルティン・ルターによるドイツ語訳聖書に、職業を「ベルーフ」と訳しているところがあって、それは神の召命《しょうめい》という意味だから、ここで仕事と宗教が結びつく、というのと、米国の資本主義の精神を体現しているとされるベンジャミン・フランクリンの『自伝』の一節を引いて、前者はヴェーバーの間違いであり、後者は、フランクリンが宗教的意図を披瀝している箇所を意図的に削ったということを明らかにしたのだが、私自身は、むしろそれに対する折原のすさまじい怒りと、それへの反論として羽入が書いた『学問とは何か』（ミネルヴァ書房、二〇〇八）における、東大内のゴシップ的部分のほうがおもしろかった。

議論の手法に、帰納《きのう》法と演繹《えんえき》法があることは、高校でも習うことだが、人文・社会科学というのは、だいたい帰納的に行われるべきものである。ただ哲学だけは違っていて、もちろん多くの「哲学研究者」がやっているのは、昔の哲学者の訓詁注釈《くんこちゅうしゃく》だが、ハイデッガーなどがやったのは、「思弁」である。

実のところ私は、哲学というのが学問かどうか、疑わしいと思っている。もっともそれを言えば、芥川龍之介など、大学の文学研究などというのは学問といえるかどうか疑わしく、言語学と美学に分けてしまえばいい、と書いているが（「あの頃の自分の事」）、芥川がいた当時の東大英文科には、日本人の教授や助教授はおらず、もっぱら外国人教師が、英語や、退屈な作品解釈をやっていたから、そう思ったのだろう。

ただし今でも、日本人が日本にいて外国文学のオリジナルな研究ができるかどうか、それは疑問である。

さて、もしヴェーバーが、プロテスタントと資本主義の関係を論証したいのであれば、十六世紀からその当時にいたる文献をできるだけ多く集めて、カトリック、プロテスタントと、商業ないしは資本制との関係を記述するべきだったろう。おそらくそれをやれば、とてもあの分量では足りない、少なくともマルクスの『資本論』くらいの長さにはなっていたはずである。

しかしヴェーバーはそういう方法をとらず、ルターやフランクリンといった、つまみ食い的な論述でお茶を濁したわけだから、いわば、手抜き学問のやり方を教えたようなものである。「理念型」というのは、手抜きの方法のように、私には見える。

人文・社会科学というのは、一つの巨大な難題を抱えている。というのは、これらの学問においては、より多くの文献を参照すればするほど、精度が上がるからである。

もちろん文献には、一次、二次、三次とあって、『古事記』などは一次史料だが、これはその当時、ほかの文献が残っていないからで、中世日本になれば、『平家物語』などは二次的な価値しかない。論文などを三次と見てもいいだろう。

ところが、古代日本の一次史料を全部見た人はいるだろうが、時代が下るにつれて、残っている文献は増えていくから、たとえば、「徳川時代の文藝」に限っても、全部読んだ人はいないだろうし、いわんや、近代日本文学の一次文献を全部読んだ人など、いないのである。

要するに、個々の学者は、たまたまその人の目に触れた文献だけ見て、何かの説を立てていることになる。そして、より多く読んで、かつより正しく解釈した人の説のほうが、正しい確率が高いということになる。吉本隆明《たかあき》は、国家も共同幻想だと気づいて、青ざめるほどの衝撃を受けたというが、むしろ、そういうことに衝撃を受けてほしかったと思う。

私は、あと五十年もしたら、コンピューターの発達により、日本はもとより西洋でも、これまでのすべての文献を読み込むようになり、もちろんそれも、問題設定は人間がしなければならないだろうが、これによって人文・社会科学は大きな変革を迎え、従来の説が次々と革新されるようなことになるだろうと予想している。

実際には、網羅《もうら》的に文献を調査して書かれた学術書というのは、ほかにたくさんあったのである。たとえばフレイザーの『金枝篇《きんしへん》』という古い訳題で出ている『黄金の枝』などは、今読まれているのは短縮版で、本来はもっと長かった。

井上章一は「ローラー作戦」と呼んでいるが、ある仮説を立てて文献を次々と読んでいくと、その仮説が崩れることがある。そこでまた新しい仮説を立てても、さらに読んでいくとまた崩れる、というのである。

おそらく、より多く文献を読んでいくと、結論は、より驚くようなものではなくなり、より茫漠《ぼうばく》としたものになっていくだろう。もしヴェーバーが、多量の文献によるローラー作戦をやっていたら、プロテスタントと資本制の関係は、とてもそれほど明快に断定できないものになっていたに違いなく、だから今では『プロ倫』の結論を、正しいものとして提示する社会学者はあまりいないはずだ。

古典を絶対に正しいとする訓詁注釈が文化論をおかしくした

洋の東西を問わず、学問というものは、訓詁注釈から始まっている。西洋なら、古代ギリシアの文献や、『聖書』、東洋なら、『春秋《しゅんじゅう》』などの四書五経《ししょごきょう》、仏典の注釈などであり、日本で最初の学問は、おそらく聖徳太子による、三経《さんきょう》の義疏《ぎそ》（『法華《ほっけ》義疏』など）であろう。

西洋では、中世において、聖書の訓詁注釈が「スコラ哲学」として、また神学として発達し、遂に停滞《ていたい》して、ロジャー・ベイコンやフランシス・ベーコン、デカルトなどが、イスラーム社会で発達した近代科学の手法を取り入れて、学問の近代を迎えたとされている。

訓詁注釈というのは、いくつかの古典を、絶対に正しいものと見なしてやるものである。

唐突ながら、実は私は、一昨年あたり、出家しようと考えたことがあった。

というのは、母が死んで、四十九日やら一周忌やらと法事が続き、私が喪主《もしゅ》だったから、坊さんを呼んでお布施《ふせ》を払っているうち、こんな葬式仏教に金を出すのがバカバカしく、怒りを覚えるようになって、なるほど、これがあるから、葬儀はやらないとか、無宗教でやるとかいう人がいるのかと納得したが、今さら法事なしにもできないので、自分で出家して法事をやってしまおうと思ったのである。葬式仏教の胡散臭さは島田裕巳の『葬式は、要らない』（幻冬舎新書）に詳しい。これは名著である。

そんな不純な動機でという人もあるかもしれないが、家が寺だからそれを継ぐために出家するというのも十分に不純である。それでは「出家」ではないではないか。

母の宗旨《しゅうし》は浄土宗で、そこで私は、出家の手順《てじゅん》を調べたのち、梅原猛の『法然《ほうねん》の哀しみ』

（小学館文庫）を読んでみた。

法然はむろん、平安末期の僧で、鎌倉新仏教の始祖《しそ》、浄土宗《じょうどしゅう》の開祖《かいそ》である。私はそれまで、高校時代に原始仏典を読んだり、『法華経《ほけきょう》』を読んだり、親鸞《しんらん》『歎異抄《たんにしょう》』や道元《どうげん》の言行を記した『正法眼蔵随聞記《しょうぼうげんぞうずいもんき》』などを読んでいたが、法然の主著とされる『選択本願念仏集《せんじゃくほんがんねんぶつしゅう》』は読んでいなかった。原始仏典は十分に説得力があったし、『歎異抄』などは、明治期に清沢満之《きよざわまんし》によって再発見されたもので、キリスト教的なところがあった。

それはともかく、梅原といえども、ここではそんな珍説を展開しているわけではなく、法然がその主著を執筆する経緯《けいい》が書いてあったのだが、私はそれを読んで、仰天してしまったのである。

浄土教というのは、一説では、西域《さいいき》でネストリウス派キリスト教（景教《けいきょう》）の影響を受けて生まれたとされ、平安中期には日本に伝わっていた。法然は、念仏を唱えるだけで極楽往生《ごくらくおうじょう》できるという「易行《いぎょう》」を主張して浄土宗を開いたとされる。

しかるに、法然は、それを理屈づけようとして、浄土三部経《さんぶきょう》と呼ばれる三つの経典から、『観無量寿経《かんむりょうじゅきょう》』を最も優れた経典と見なして、それを根拠に、無理やり、易行の理論を導き出すのである。実際、梅原の記述を見ても、それは無理やりとしか思えなかった。

これまで読んだ仏典で、これほど無理なものはなく、鎌倉新仏教というのは、こんないい加減なものだったのかと、落胆した私は、出家するのをやめてしまった。

むろん、近代の学問は、そういう、古典は絶対に正しいという立場から抜け出して「文献学」というものを打ち立て、古典であっても、どの程度信用できるかを考えるようになった。しかし、どうもそちこちに、「訓詁注釈」の伝統の残滓《ざんし》があるように思う。

つまり、大学の授業などにある、原典講読とかいうもので、私も、「エクスプリカシオン・ド・テクスト」日本語で「原典味読《みどく》」というのを教えられた。この場合は、文学作品を細かに読んでいくもので、教育の方法としては、決して悪いものではない。

ただ文学研究の場合、講読の対象は文学作品という「藝術」だからいいが、これが社会学のほうへ行くと、それこそヴェーバーの学問的著述を精読する、というようなことがある。こちらの場合は、ドイツ語のような、外国語の修練という意味も兼ねていて、私なども、学部時代に、高階秀爾《たかしなしゅうじ》先生の、エミール・マールという美術史家のフランス語の本の講読の授業に出ていたし、大学院では舛添《ますぞえ》要一先生の、フランス政治史の文書講読に出ていた。

ここで問題なのは、もし教師が、ヴェーバーの信奉者だったりした場合で、「先生、ここでヴェーバーが言っていることは、どうもおかしい」とは、なかなか言いにくい。そして、折原のようなヴェーバー教徒は、「ヴェーバーを理解するには十年かかる」などと言うのである。

これでは、往年の、仏典や聖書は絶対正しいとした訓詁注釈と同じになってしまうのである。

渡部昇一《わたなべしょういち》の『知的生活の方法』には、師匠から、精読すれば、どんな偉い学者でもどこかでおかしなことを言っていることが分かるから、それを研究のとっかかりにするように言われたと書いている。渡部といえば、「右翼」として知られるが、こういういいことを言うこともあるのである。羽入の本を推薦した一人は、渡部であった。

それはそれとして、この「原典精読」方式を、論文に応用すると、けっこうおかしなものが出来上がるのだ。

先に触れたデリダの『グラマトロジーについて』も、ルソーの『言語起源論』の精読だし、吉本隆明の『共同幻想論』などは、『古事記』と『遠野物語《とおの》』の「精読」（？）らしい。いわゆる「フランス現代思想」の連中も、ヒュームとかスピノザとかデカルトとか、古典的な書物の解釈から始めている者が多い。デリダはルソーを批判的に読むわけだが、何もルソーに当てはまったからといって、西洋全体に音声中心主義が広まっていることなど、学問的に論証したことにはならないし、『尖筆《せんぴつ》とエクリチュール』の題で訳されているニーチェ論など、原題はヒーメン、つまり処女膜で、若いころの私は面白がって読んだけれど、よく考えたらこれはトンデモ本みたいなものだ。宮崎哲弥の言葉を借りれば「藝文」であって、学問とはとうてい言い難い。

日本近代文学研究は、文藝評論が入り混じる

こういう「ポストモダン批判」というのは、ほかの人もやっているけれど、私は何も、日本文化論批判からポストモダン批判へ話を展開しているだけではなくて、ヘーゲル講読などというのも、しょせんは、ヘーゲルという人物を、『聖書』や仏典の著者と同じように崇《あが》めて、ヘーゲルだからおかしなことを言うはずはないと思って読んでいるので、もうその辺から学問はおかしくなっている、と言いたいのである。

日本近代文学研究の世界もかなりおかしなもので、文藝評論と研究とが入り混じったまま、今日に至っている。これを、文献学的、書誌学的に正しいものにしようとしたのが、谷沢永一なのである。

一例を挙げると、評論とも研究ともつかぬ「日本近代文学」の論文などを読んでいると、「近代的自我」という言葉にぶつかる。もちろん私だって、若いころは「ああ近代的自我なんだなあ、悩んでいるんだなあ」と思っていた。

しかし、学問の方法に自覚的になってみると、この言葉、よく意味が分からないのである。調べてみると、昭和初年に、北村透谷《とうこく》の研究あたりで使われ始めた言葉らしい。なるほど、透谷なら、自由民権運動に身を投じ、遊廓で遊んだりして、運動に挫折《ざせつ》して、キリスト教的な恋愛観に触れ、年上の石坂ミナと恋愛をし、結婚はしたが貧しくて、ほかの女とも恋愛したりし

て、とうとう絶望して自殺するわけで、いかにも「近代的自我」に悩んだようである。

しかし、では「近代的自我」とは何なのか、ぼんやりとでもいいから定義してほしい、と思っても、よく分からないのである。もちろん、誰かに問えば、ヨーロッパでは市民社会が成熟し、それに対して日本は身分制封建社会で、コギトというものがあって、どうたらこうたらと説明するに違いないのだが、たとえば森鷗外の『舞姫』が、これこそ近代的自我の目覚めだと言われても、要するに、女を捨ててきちゃって悪かったなあ、というものであり、二葉亭四迷《ふたばていしめい》の『浮雲《うきぐも》』なら、女に振られた悩みである。

ということは、男が恋愛で悩むと近代的自我なのか、ならば『源氏物語』は近代的自我か、ということになる。

そう言えば、確かに『源氏物語』には、近代的自我めいたものがある、特に「宇治十帖《じゅうじょう》」はそうである、しかし……と説明する人もいるかもしれないし、いや、『源氏』の時代は身分制社会であり、女というものを対等の人間としては見ていなかった、と言う人もいるかもしれない。

とすると、近代的自我というのは、女を人間として見る男のことか、ということになる。存外、それで間違っていないのだが、そもそも『浮雲』のような、女に振られたこととか、女に惚れて苦しむこととかいうのは、徳川期文藝では描かれなかった。

『源氏物語』もそうだが、古代から中世までの日本文藝は、女に恋して苦しむ男の内面を描いたが、武士的な儒教道徳が町人には女性蔑視《べっし》的なものとして広まった徳川時代中期から、そういう文藝は姿を消す。

浮世草子以後の徳川文藝は、ほぼ例外なく、美男美女の悲恋物語、いわゆるシナの「才子佳人《さいしかじん》」ものか、助六《すけろく》のような、色男物語が主で、『忠臣蔵』の高師直《こうのもろのお》のように、他人の妻に岡惚《おかぼ》れするような男は、悪役か三枚目でしかなかったのである。これは、私の研究主題の根幹であるから、信じてもらってよいと思う。

だが、何も徳川時代に、女に惚れて苦しんだ男がいなかったわけではない。いたに決まっているのだ。しかし、それを表現する文藝の様式というのが、廃《すた》れていたのだ。

そこで、感情はあるのだけれど表現の様式が存在しないと描くことができないという、分かりやすい例をあげよう。

一九九九年に、私が『もてない男』（ちくま新書）を、自分のこととして出して十万部売れるまで、女にもてない、ということを、苦悩として表現する様式は、ほぼ存在しなかったのである。もちろん、人生相談などで、そういう悩みを相談することはあったが、その場合の答えはたいてい、人格を陶冶《とうや》しろとか、誠実に女に接しろとか、果ては、フェミニズムを学んで女の気持ちをよく知れとか、ソープへ行け、とかいうものだった。

もっとも言っておかなければならないのは、昭和三十年代以前なら、もてない男女でも、場合によっては、世話する人がいて結婚していたのが、自由恋愛こそ正しいという主張が一般に信じられるようになり、その結果として、もてない男女の苦悩が始まった、というのが正しい。むろん、高群逸枝《たかむれいつえ》は、昭和初年に、自由恋愛が広まれば、美男美女が勝利者となるだけだ、と書いていたし、山田太一は一九八三年に、『ふぞろいの林檎《りんご》たち』で、三流大学なのでもてない男三人組を描いた。しかし、東大を出ていても、もてない男はもてないのだと書いたのは、井上章一さんか、私が最初だったのである。

そして、それ以後、「もてない」論はもっぱらインターネット上で隆盛《りゅうせい》を見せ、「非モテ」なる語さえできたのだが、それはまさに、様式がないと人は表現することもできない、という実例である。

ならば、「もてない」ということを言えるようになったのは「後期近代的自我」なのだろうか。

そう考えると、「近代的自我」などという言葉は、例によってヘーゲル式の抽象化で、いろいろなものをごちゃ混ぜにして、いかにも深遠《しんえん》に見えるようにした言葉であって、実際には意味不明なのである。夏目漱石が、近代知識人の孤独に苦悩した、というが、別に上田秋成や曲《きょく》亭馬琴《ていばきん》だって、知識人の孤独に苦悩したはずであり、単に漱石は、それを表現する様式を、西洋文学から借りてきたというに過ぎないのである。だから「近代的自我」というものが生まれたのではなく、自我の内面を表現する様式ができた、と言ったほうが、事実としては正しいし、要するに日本近代文学の用語でしかないのである。

第三章　日本文化論の〝名著〟解体
――『陰翳礼讃』『タテ社会の人間関係』『風土』など

怪しい和辻哲郎文化賞

山崎正和《やまざきまさかず》（一九三四―　）に『劇的なる日本人』[*5]（一九七一）という本がある。同題のエッセイを中心に編まれたエッセイ集で、藝術選奨新人賞を受賞している。山崎は京大美学科の大学院で演劇美学を学び、戯曲『世阿弥《ぜあみ》』で二十代で岸田戯曲賞を受賞し、のち阪大文学部教授を務めた。「劇的なる日本人」は、当時、日本文化論として読まれ、高校の国語教科書にも載っていた。ところが、一九八〇年代に山崎の著作集が出た時、この本はまとめては収録されず、ばらばらにあちこちの巻に収められた。山崎はその後、日露戦争後の文学の状況を描いた長編

＊5―『劇的なる日本人』……日本人は、絶対的な存在（神）を背景として持たなかったため、他者の視線によって自己の存在を証明してきた。その不安定さの絶望と向き合いながら、「劇的に」生きてきたのである、と主張する。

評論『不機嫌の時代』を出し、これは講談社学術文庫に入ったが、『劇的なる日本人』は、今日まで、文庫版などには入っていない。古本で買うか、著作集で読むかしかないのである。

　山崎は、評論家としては『鷗外　闘う家長』のほか、『近代の擁護』など優れた著作もあり、学問へ立ち返ろうとする傾向のある人で、おそらく、日本文化論というものが、学問的に胡散《うさん》臭いものになりがちであることを、途中から自覚するようになったのだろう。むろん私は、あらゆる日本文化論がインチキだと言っているのではない。山崎は、常に自身の日本文化論などを見直し、刷新《さっしん》する人である。

　姫路《ひめじ》市が主催している、和辻哲郎文化賞という賞がある。日本倫理学会の和辻哲郎賞とは違う。この賞は、「日本文化論」に限らず、胡散臭い文化論の最後の砦《とりで》のようなところがあり、一般部門と学術部門に分かれ、おのおの一冊ずつ、毎年受賞するが、学術部門はともかく、一般部門は、梅原猛、河合隼雄、陳舜臣《ちんしゅんしん》が選考委員で、河合が死んだあと山折哲雄《やまおりてつお》に代わったが、かなり怪しい本に授賞する傾向がある。

　一番ひどいと思ったのが、渡辺京二《きょうじ》『逝《ゆ》きし世の面影』[*6]で、これはあとで批判するが、私はこれを批判した論文を渡辺にも送ったのだが、何の返事もないうち、せっかく版元の葦書房が事実上倒産していたのに、平凡社ライブラリーで復刊してしまい、今なお「名著」だなどと言う人がいる。

次は山折の『愛欲の精神史』で、これは出たときに田中貴子さんがひどい本だと言っていて、けっこう遠慮しつつも批判的な書評を書いていたが、受賞して、最近角川文庫に入った。さらに極《きわ》めつけは、私が批判しているのに受賞した岩下尚史《ひさふみ》の『芸者論』で、もうこれで私は和辻賞を敵と認定したくらいである。

ほか、長谷川三千子の『バベルの謎』などもあり、私は長谷川先生は好きなのだが、聖書学の専門家から見たらトンデモ本だろう。あと平川祐弘先生の『ラフカディオ・ハーン』も受賞している。

その和辻賞の、二〇〇〇年度の授賞式で、山崎が記念講演「いま日本人とは何か？」を行い、和辻の『風土』[*7]を批判したという。講演録があるのか、活字にしたのか分からないのだが、同年三月十四日の「朝日新聞」夕刊によれば、和辻が日本文化をモンスーン型の台風型としたのに対して実例をもって反論し、「これらは自然が文化を決定するということを示していない」とし、同じ時代でも社会集団により、まったく違った人間類型が生まれるとし、近代になって

＊6―『逝きし世の面影』……幕末から明治期に訪日した異邦人のあまたある日記を読破し、近代日本が失ったものの意味を問う。

＊7―『風土』……風土は、人間の精神構造に組み込まれた自己了解の仕方である。「モンスーン」「砂漠」「牧場」の三類型で、世界各国の民族、文化、社会の特質を浮き彫りにする。

国民国家として「日本」は成立したのであり、前近代に「日本」の枠組《わくぐ》みを当てはめたのは、和辻の時代的限界だと言ったとある。

最後の箇所は、近年のカルチュラル・スタディーズでしばしば言われることで、そうなると前近代を対象とした「日本文化論」はみな成り立たないことになるが、私はそのへんは寛容で、身分、階層による差が大きいことに留意すれば、文化論は成り立つと考えている。

山崎には、自ら「日本文化論」を書きながら、批判に応えて修正していく柔軟性があり、青木保もそのあたりを学んだのであろう。

その山崎が、『劇的なる日本人』の直後に、雑誌に連載した『室町記』（講談社文藝文庫）という本がある。世阿弥の能楽論などを専攻しているから、山崎は南北朝から室町時代に造詣《ぞうけい》が深く、『太平記』の現代語訳もしており、これは、室町時代の歴史をつづり、そこから日本人は社交する人間だと結論づけるものである。

その最後に、日本文化論への批判に少々苛立ったような文章があって、では他国には、そういう自国文化論はないのかと言い、アメリカにはあるが、ドイツやフランスでは、そもそもいかなる文化論も、自国の文化をネタにして語られているから、自国文化論は不要なのではないか、とある。

とはいえ、フランスの中華思想というのも相当なもので、十七―十九世紀には、ヨーロッパの文化の中心をもって任じていたから、かえって「フランス文化論」などというものは出ないのだとも言える。

また、ドイツに関しては、フィヒテの『ドイツ国民に告ぐ』もあり、グンドルフの『シェイクスピアとドイツ精神』のようなものもあって、そうしたドイツ精神の鼓吹《こすい》が頂点に達したのがナチスの時代で、それが破綻《はたん》したために、あまり語られなくなっているだけだろう。

敗戦と切り離せない日本文化論

そう考えると、戦後日本の「日本文化論」は、やはり日本の「敗戦」という事実とは無縁ではない。ドイツのように、ユダヤ人虐殺という、弁明のしようのない悪事が行われ、敗戦時には連合国と一切の交渉もなく完全降伏したドイツに比べて、日本では、西欧諸国がやった帝国主義や植民地主義をまねしただけであり、白人国ではないから原爆が落とされたのだという意見もあって、敗戦の位置づけについては今なお議論が続いている。だから、丸山真男や川島武宜の否定的日本文化論が、その「反省」のためのものであるのに対して、経済成長を成し遂げ復興したあとの肯定的日本文化論は、対西欧の劣等意識、敗戦国意識を払拭《ふっしょく》するためのものとして、迎えられ、時にベストセラーになったのである。

西欧諸国の「自国文化論」は、英独仏といった隣国との対比で語られ、あるいは米国やロシヤであれば、西欧との対比で語られる。そもそも私の専門である「比較文学」にしても、もともとは、フランスとドイツの間での、文学の影響関係を研究するものとしてフランスで始まったのである。それに対して、日本文化論は、地理的にも歴史的にも文化的にも遥かに離れた西洋との関係で語られがちだという特徴を持っている。

むろんそれに対して、朝鮮との対比で語ろうとした『「縮み」志向の日本人』や、シナとの対比で語ろうとした丸谷才一の『恋と女の日本文学』（一九九六、のち講談社文庫）がある。しかし後者も、歴史的変遷をしっかり辿《たど》っていない、エッセイ程度のものでしかないため、私が修正を加えておいたが、東アジア世界での各国比較なら、古田博司《ひろし》（一九五三―　）の『東アジア・イデオロギーを超えて』（新書館、二〇〇三）のような優れた比較文化論が出ているが、そういうものはベストセラーにはならないようだ。

「日本文化論」の厄介なところは、それがベストセラーになったり、名著だと言われたりするというところにある。たとえば私だって、論証もされていないようなテーゼ（たとえば「喫煙者は個人主義的だ」とか）を出すことはあるが、別にそれでそのテーゼが広まるわけではない。

そして、日本文化論批判は行われているものの、批判のほうは一向に広まらないのである。吉田和久は、大久保喬樹の『日本文化論の名著入門』の書評（『比較文学』五一号、二〇〇九）で、声高な日本文化論批判にうんざりしていた、と書いているが、うんざりするほど広まっていないのが現状であり、吉田がほんとうにうんざりしていたとすれば、それは吉田（帝京科学大学講師）が学界にいるからであって、一般読者には、日本文化論そのものに比べて、批判のほうはちっとも届いていないのである。

私がこの本を書く決心をしたのは、吉田のこの書評によるところも大きく、というのは、大久保が『日本文化論の系譜』（中公新書、二〇〇三）を出した時、『比較文学』で大東和重《おおひがしかずしげ》が書評して、近年の日本文化論批判に対して応答していない、と苦言《くげん》を呈《てい》したのだが、大久保はそれに対してまったく応えず、次の本を出したのであり、そんな本を書評の対象にすること自体間違いだと思ったからで、これは日本比較文学会の腐敗の問題になるであろう。

もっとも念のために言っておけば、大久保がとりあげているのは、谷崎潤一郎の『陰翳礼讃《いんえいらいさん》』[*8]などの古いものであって、明らかにおかしいというものは、『「甘え」の構造』くらいで、しかし、学界における日本文化論批判に対して何の応答も反論もしないというのは、ひどいだろう。

なお吉田には、比較文化論の方法論について論じた論文があるが、私は比較文化の方法論な

＊8―『陰翳礼讃』……日本人の美意識は「陰」や「ほの暗さ」を愛で、闇との調和を重視してきた点にある。照明や食器、建造物など、様々なジャンルの「陰影」について語る。

どというのは社会学の方法論を一元的に論じるのと同じようにありえないことだと思う。結局は個々の具体的議論を少しずつ修正していく方法しかあるまいし、大きな理論を打ちたてようとすれば必ず誤りに行きつくものだと考える。

谷崎『陰翳礼讃』にある日本人の美意識

では『陰翳礼讃』はどうなのか。加藤周一は、ここで描かれている美意識は、徳川時代初期に生まれたものに過ぎないと言っているが（『日本文学史序説』ちくま学藝文庫）、それでも、やはり日本固有のものなのか。

谷崎は、西洋へ行ったことはないが、シナへは二度行っているし、シナ文化にも通じてはいた。しかし『陰翳礼讃』はやはり西洋との比較論である。

その中で、確かに正しいと言えるのは、女の体の美というものを、日本ではほとんど問題にしなかった、という箇所である。女というのは、顔が美であれば、体などというのは、棒のようにくっついていれば良かった、というのだが、これは確かに、西洋では、古代ギリシアや、肉体を蔑《さげす》んだ中世を除いて、ルネッサンス期以降は、男女ともに、均整《きんせい》のとれた肉体美を重んじたから、美術にもそういう傾向がある。

しかし、日本をはじめ東アジアでは、美術を見ても、肉体は貧弱で、肉体の健康な美という概念は乏しかった。だから近代以降、日本では西洋的な肉体観が入ってきて、肉体美を重んじるようになる、というのは、井上章一『美人論』（朝日文庫）も説くところである。だが、ヒンドゥー教の影響のある東南アジアから南アジアにかけては、けっこう豊満な仏像やらヒンドゥー教の神像があるので、また違っているようだ。だから、日本文化論というより、東アジア文化論、つまり儒教圏文化論として、これは正しいだろう。

しかし、『陰翳礼讃』全体の、薄暗いところに美を見出すというのは、どうなのだろうか。というより、これは果して「日本文化論」なのだろうか。むしろその当時、これが、谷崎自身の好みを表していると受け取られたことを示すエピソードがある。

谷崎が、阪神間の岡本に自身の設計で邸宅を建てたのは、昭和初年の「円本《えんぽん》」で儲《もう》けたからだが、それは、和漢洋折衷《せっちゅう》の奇妙かつ豪勢なもので、風呂などは電気仕掛けで沸くようになっていた。人々は、『陰翳礼讃』とは正反対だと思ったという。また戦後、谷崎は熱海《あたみ》に別宅を持つが、これまた、太平洋側から太陽が差し込む地域だし、陰翳的なところではない。むしろ陰翳的なのは永井荷風の、戦争で焼けた偏奇館《へんきかん》のほうだったろうが、谷崎はこれを、化け物屋敷のようだと言っている。

大正期の谷崎は、建築にも関心があって、「金色の死《こんじき》」では、ポオの「アルンハイムの地所《じしょ》」に倣《なら》って、自分好みの豪華な屋敷を建てて、しまいに破滅する男を描いたが、のちにこの作品を嫌ったという。谷崎没後、三島由紀夫はこの作品を使って谷崎を論じたが、日本文化といえば、わび、さびと思われがちなところ、実際には、金閣寺や日光東照宮《とうしょうぐう》、中尊寺金色堂《ちゅうそんじこんじきどう》や、豊臣秀吉の黄金趣味のように、それとは逆のものもある。

昭和初年にドイツの建築家ブルーノ・タウトが来日して、けばけばしい東照宮を嫌って、桂《かつら》離宮《りきゅう》を日本的美として礼賛したことは、よく知られている。井上章一はこれについても、タウト以前から日本の建築家の間で、東照宮はあまり美しくないのではないかという議論があり、タウトという西洋人のお墨付きによってそれが広まったのではないかとしている。

昭和初年というのは、また「中世」が流行した時期でもあり、明治期に正岡子規《まさおかしき》が『万葉集』を持ちあげて紀貫之《きのつらゆき》を貶《けな》して以来、軽視されてきた『古今和歌集』『新古今和歌集』などが再評価され、『源氏物語』のアーサー・ウェイリーによる英訳が賞賛されたりして、谷崎も中世を題材とした小説を書き始め、それがいわゆる谷崎の名作群となっていくのだが、そう考えると、この時期に『陰翳礼讃』が書かれたのは、ある時代的必然でもあるのだ。

それに、本当にこれは「日本文化論」なのだろうか。谷崎は、映画における、ヨーロッパのものとアメリカのものとの陰影の違いを言っているし、日本はアメリカ追随でむやみと夜を明るくしてしまったとも言っている。谷崎は大正期に自ら映画の脚本を書いたくらいで、西洋の映画もよく観ていた。

それに、ヨーロッパでは、十八世紀にゴシック小説というものが流行し、その後も影響を与えているが、これなど語源はゴート族、つまり西洋中世のいくらか粗野な民族のことで、だいたいロマン主義というのが、中世趣味の復興の側面を持っていたのだから、『陰翳礼讃』は英訳ほか西洋語訳もされているけれど、西洋の研究者が読んだら、これを、ロマン主義的エッセイとして位置づけるだろう。

『アーロン収容所』に見る西欧幻想

その一方、中根千枝《なかねちえ》（一九二六―　）の、『タテ社会の人間関係―単一社会の理論』[*9]（講談社現代新書、一九六七）などは、当時百万部のベストセラーとなり、今も版を重ねてはいるが、さすがに今これを名著と言う人はあまりいない。いかなる社会でも「タテ」の部分はあって、特殊日本的といえるかどうか疑わしいからだ。中根はむしろ、女性で初めて東大教授になった人として記憶されるだろう。

ところでこの『タテ社会』は、はっきりと、現代日本を対象にする、と謳《うた》ってある。これは、

＊9―『タテ社会の人間関係―単一社会の理論』……欧米と違って「場」を強調し、「ウチ」と「ソト」を意識する日本的社会構造の本質を探る。

河合の「母性社会」論のような、超歴史的なものと見せたためにほころびができてしまうのとは対照的だが、中に一か所だけ、徳川時代を参照してしまっているところがあって、これは失敗したな、と思ったものだ。

これとは対照的に、今なお名著として賞賛されているのが、会田《あいだ》雄次《ゆうじ》の『アーロン収容所』[10]（中公新書、一九六二、のち文庫）で、先般、中公新書の企画で、一七九人の識者にアンケートをとって、「思い出の中公新書」三冊をあげてもらったところ、これが十六人の票を集めてダントツの一位になった。

挙げた人は、阿川弘之、潮木守一《うしおぎもりかず》、川北稔《みのる》（一九四〇―　）、佐藤彰一（一九四五―　）、関川夏央《なつお》、高田里恵子《りえこ》（一九五八―　）、竹内洋《よう》、谷沢永一、辻井喬《つじいたかし》、中村彰彦、半藤一利《はんどうかずとし》、平川祐弘、ひろさちや、水谷三公《みつひろ》（一九四四―　）、本川《もとかわ》達雄（一九四八―　）、渡辺利夫で、やはり高齢世代が多い。

この本は、「西欧ヒューマニズムの限界」と副題されていて、戦後、英国の捕虜収容所にいた著者が、英国人がアジア人を差別していたり、階級によって体格まで違うという英国の実態を知って驚くという話なのだが、私個人は、こういう内容の本だという先入見《せんにゅうけん》を与えられていたせいもあるが、そりゃ西洋なんてそんなものだろう、としか思わなかった。

ということは、高齢世代に、いかに西欧への幻想が強かったかということを示すものだと思う。高田だけは例外だが、高田の場合、「ニュー・アカデミズム」のブームに首まで浸《つ》かって、今なおその後遺症に苦しんでいるようなところがあり、きっと西洋幻想が強いのだろうなあ、と思うし、若くてもそういう人はいるだろう。

そして実は、「日本文化論」は、むしろそういう、西洋に幻想を抱き、依然として西洋への憧れから抜け出せない人が、自国愛との板挟《いたばさ》みにあって、縋《すが》る、というものではないかと私は疑っているのだ。

この中には、「保守派」とされる人が多いが、平川先生や水谷三公のように、私が批判する日本文化論の書き手である人もいる。平川先生のことはよく知っているけれど、若いころはものすごく西洋の文化に憧れた人で、フランス人女性と恋愛をして、しかし当時の状況から結婚を諦《あきら》めた、ということもあったらしい。若いころのそういう体験は、生涯人を呪縛するものだ。だから、平川先生が、とりつかれたようにラフカディオ・ハーンをやるのは、日本を認めてくれた西洋人がいるというのが、嬉しいからなのである。アーサー・ウェイリーをやるのもそうだし、盛んに海外へ出かけて、国際的学者である、と自認するのも、その一環なのだと、私は思っている。

＊10—『アーロン収容所』……学徒動員でビルマ戦線に投入され、アーロン収容所で捕虜となった著者の屈辱的体験談。

また井上章一は、あるナショナリストの学者が、美人といえば金髪である、なぜ君は日本人の金髪幻想を研究しないのか、と言ったと伝えているが、これなども典型的な、西洋への憧れからナショナリストになってしまった例であろう。井上は、自分には金髪幻想はない、と書いている。

私などは、いくら美人でも金髪だと興味が持てないほどの黒髪好きで、西洋幻想とか、西洋への憧れというものを、遂に育てることがなかった。私は英語教師をやってきたが、未だかつて、英語が好きだったことがない。つまり、西洋への憧れや、自分が西洋人でないことへの劣等感がないから、日本文化論による「癒し」が必要でないということで、というのも、私が中学生の頃は、まだ一ドル三百円の時代だったが、その後たちまち百円前後に上がったし、特に西洋に劣っているとは感じなかったからである。

そして今では、日本製のアニメが、世界中で人気を博している、そういう世代であってみれば、根っから自国の優秀さを信じられるのであり、もしかすると、私の日本文化論批判というのは、私が愛国者だからすることかもしれないのである。このことは、押さえておいたほうがいいだろう。そういう意味では、『日本の女が好きである。』を書く井上さんも、私と似た立場にあるのかもしれない。

和辻哲郎の『鎖国』は文化論というより歴史書

ところで、和辻哲郎といえば、さきに『風土』に触れたが、ほかに、戦後の『鎖国―日本の悲劇』という本がある。徳川時代の鎖国が、日本が西洋列強に後《おく》れをとる原因になった、と説いたとされるもので、岩波文庫に入っていたこともあったが、今では品切れのようだ。

これに対して、芳賀徹《はがとおる》や小堀桂一郎《こぼりけいいちろう》は、鎖国は必ずしも悲劇ではなく、長い平和と、その中での文明の熟成《じゅくせい》を招いたと論じ、芳賀は「パックス・トクガワーナ」とか「パックス・エドーナ」という言葉を広めたが、小堀は、『鎖国の思想　ケンペルの世界史的使命』（中公新書、一九七四）を著《あらわ》して、五代将軍綱吉《つなよし》の時代に江戸へ来て、『日本』を著したオランダ人エンゲルベルト・ケンプフェルを論じ、鎖国の有利であった点を述べたが、芳賀は単に、徳川中期の俳人・蕪村《ぶそん》を賞賛し、平賀源内の伝記を書いたくらいで、それほどまとまった論は書いていない。

また彼らの弟子に当たる上垣外《かみがいと》憲一は、『〈鎖国〉の比較文明論』で、十八世紀、西洋諸国が戦争に明け暮れていた時代の鎖国は良かったが、十九世紀の始めくらいには開国して、西洋の技術や思想を取り入れたほうが良かったのではないかとしている。

だから、鎖国については、私はどのみち大した問題ではないと思っているし、西尾幹二が『江戸のダイナミズム　古代と近代の架け橋』（文藝春秋、二〇〇七）で述べたようなことも、別段異論はない。しかし、そこから、「江戸幻想」のようなものが派生してくると、話はまた別である。

だが、ここで気になるのは、和辻の『鎖国』は、果してそんなことを強く主張しているだろうか、ということである。読めば分かるが、文庫版で二冊にわたる長い著書で、和辻はただ、戦国時代の南蛮人の渡来と、鎖国が完成するまでの歴史を延々と描くだけで、鎖国が日本にどのような悪影響を与えたかを論じるわけではないのである。それは冒頭にちらりと、大航海時代を開いたポルトガルのエンリケ航海王の精神が日本にはなかった、とあるだけなのである。

私は長らく、このことが気になっていた。『鎖国』はふしぎな本である。

和辻哲郎を論じた本はたくさんある。しかしそれらは、その思想を論じたものであって、伝記はないに近い。そんな中で、勝部真長《かつべみたけ》の『青春の和辻哲郎』(中公新書、のちPHP文庫)は、若いころの和辻の伝記である。

和辻は、もともと東京帝大にあって、谷崎潤一郎、後藤末雄《すえお》らと、第二次『新思潮』を創刊し、その創刊号に戯曲「常盤《ときわ》」を書き、小山内《おさない》薫を師と仰いで、創作家を志した人である。谷崎とは当時、同性愛ではないかと思えるほどに親しい仲だった。だが、オスカー・ワイルドの『ドリアン・グレイの画像』の原書を谷崎に貸して、谷崎が返す時に「君が傍線を引いたところ以外がおもしろかった」と言われたので、自分に創作の才がないのを悟り、漱石門下に入り、哲学者の道を歩んだと言われている。しかし、文藝評論は大正中期まで続けているし、『古寺《こじ》巡礼《じゅんれい》』（大正八年＝一九一九）などは、文学的才能を表そうとしたものだろう。

しかし、このエピソードは単なる象徴で、和辻は谷崎の才能に恐れをなしたのであろう。才能というのは、創作の才能だけではない。和漢洋にわたる谷崎の学識は、相当なものだった。その後の和辻は、谷崎を意識し続けていたように思える。二人の交友はいったん途絶えたが、それは、谷崎からの影響を恐れた和辻が離れたようで、関東大震災を逃れて関西へ移住した谷崎は、当時京都帝大にいた和辻との交友を復活させる。

先に、和辻の『風土』に対する批判を紹介したが、いわゆる日本文化論の中には、著者の単なる無知からできそこないになっているものが非常に多い中、和辻の場合は、そうではない。和辻の学識は、谷崎に負けないよう、和漢洋にわたって広く、日本の前近代文化について何も知らないような土居健郎などとはまったくレベルが違うのである。

和辻には、『歌舞伎と操《あやつり》浄瑠璃《じょうるり》』という著作があって、『日本藝術史研究』などという題にされてしまったが、徳川期文化を研究するのに歌舞伎と人形浄瑠璃を選び出すあたりはさすがで、芳賀、小堀、西尾などには、この方面の知識は乏しい。

日本文化論が対象とするものでは、定番《ていばん》が、能楽、茶道などで、山崎正和なども、世阿弥の研究者だから、歌舞伎に疎《うと》いところがある。むろん、岩下尚史のように、歌舞伎に詳しくてもおかしな日本文化論に陥ることはあるわけだが……。

さて、和辻へ戻ると、『鎖国』で和辻は、何か大ナタを振るって鎖国を悪と断定することをためらったのではないかという気がするのである。恐らく和辻なら、論を縦横にして、近世におけるヨーロッパ文明の目覚ましい発達と、その間の日本文化の停滞を論じることもできたであろう。だが和辻はそれをせず、だらだらと、鎖国に至る日本の歴史を語った。中には、鎖国と全然関係ないような事柄も多い。

和辻は、切れ味鋭い「グランド・セオリー」にもはや胡散臭さを感ぜずにはいられなかったのではないか。だから『鎖国』は、そういう本ではなく、歴史書として書かれたのではないか、と思うのである。それは、『室町記』を書いた時の山崎正和にも言えるのではないか。人は、歴史を記述することで、単純な文化論から抜け出すのである。

英語で書かれた『代表的日本人』『武士道』『茶の本』について

梅原猛（一九二五―　）は、国際日本文化研究センターの創設者・初代所長であり、いかにも「日本文化論」を書きそうである。実際『日本文化論』[*11]（講談社学術文庫）という本もあるが、これは薄い講談記録で、仏教の価値を説いた本で、梅原は、「甘え」「縮み」「母性社会」「タテ社会」のような、キーワードを伴った日本文化論は書いていない。

梅原の代表作『水底《みなそこ》の歌』[*12]は、国文学者に批判されて、内実はほぼ無効となっているし、珍説が多い人でもあるが、それらは古代史に関するものであって、いわゆる珍なる日本文化論がないのは、いくつか理由があるだろう。

まず梅原は、哲学専攻だが、影響を受けたのはハイデッガーと西田幾多郎《きたろう》であり、師匠はギリシア哲学の田中美知太郎《みちたろう》、山内得立《やまうちとくりゅう》であって、ヘーゲルの影響を受けていない。また三十代のころ梅原は「笑い」の研究をして、笑いの一般理論を打ち立てようとして、価値低下の笑いという仮説を提出したが、自ら、笑いの研究は未完に終わったと言っており（著書は刊行されている）、この時はかなりまじめに研究したので、雑多な現象を抽象化して一般論として提示することの困難がよく分かっていたのではないか。もっとも梅原には『日本学の哲学的反省』（講談社学術文庫、一九七六）という薄い講演録があって、そこでは、哲学的思惟《しい》には体系性が必要だと言っているけれども。

あとは、梅原が仏教研究をしていたことが挙げられる。日本人は無宗教だとか、シンクレティズム（多宗教混淆）だとか言われるが、実際には仏教徒であり続けてきたのであって、仏教

＊11―『日本文化論』……ゆきづまりを見せる近代西欧文明に変わる新しい文明創造の原理は、日本伝統の仏教思想にある。これからは、科学技術偏重の教育ではなく、仏教精神を取り入れることが大切である、と説いた著。

＊12―『水底の歌』……万葉集の歌人・柿本人麻呂は山陰地方に赴任中に死亡した、という通説を、人麻呂臨死の歌を根拠に疑う。そして政争に巻き込まれ刑死したという「流人刑死説」を唱え、大胆な論考を展開した。

は一神教でも多神教でもない、無神論であり、中世の一向宗《いっこうしゅう》や法華宗のように、一神教的な行動をとらせることもある。

「日本文化論」は、神道やアニミズムを強調する性格が強く、しかし神道には教義もなく、徳川期の国学者らが事後《じご》的に見出していったものだ。もっとも、仏教学者でも、鈴木大拙《だいせつ》の『日本的霊性』のようなおかしな日本文化論を書くことはある。

鈴木大拙が出たので、明治―大正期に、英語で書かれた「日本文化論」として、今でも読まれているものを検討しよう。具体的には内村鑑三《かんぞう》『代表的日本人』[*13]（一八九六）、新渡戸稲造《にとべいなぞう》『武士道』[*14]（一九〇〇）、岡倉天心《てんしん》『茶の本』[*15]（一九〇六）などである。

最初に念を押しておくと、彼らが英語で著作を書いたことを目《もく》して、明治人の英語力は大したものだ、などと思うのは大きな勘違いで、そもそも彼らの世代は、学校でお雇い外国人によって、あらゆる教科を英語で習ったのであり、しかもその当時、近代的な日本語はまだ成立していなかったから、彼らが英語で書いたのは、中世のヨーロッパ人がラテン語で書いたり、前近代の日本人が漢文で書いたりするような、自然なことだったのである。これは太田雄三《おおたゆうぞう》『英語と日本人』（一九八一、のち講談社学術文庫）に詳しく書いてある。

それに、別に現代だって、英語やフランス語で著作を書く日本人は大勢いるし、『「甘え」の構造』や『タテ社会の人間関係』は各国語に訳されているのだから、明治人が偉大だというのは、この点では当てはまらない。

このうち、内村にはもう一つ、『余はいかにしてキリスト信徒となりしか』という英文著作があるが、『代表的日本人』を読むと、日蓮《にちれん》や西郷隆盛が賞賛されていて、キリスト教を信じて、天皇の肖像への礼拝を拒否したとか、非戦論を唱えたとかいう内村像を知る人には意外に思えるだろうが、明治期の思想史というのは複雑で、自由民権派はのちに国権派に変わっていくし、内村の思想も大きく揺れ動いているから、その辺は押さえておくべきだろう。ただ、この本はそれほど影響を与えてはいないようだ。

『武士道』は、戦後になって、あれは本当の武士像ではなく、明治になって武士が実態を失ったあとに拵《こしら》えられた理想像だという議論が盛んになり、最近ではこれへの反論も出ているが、新渡戸が日本についてはは相当無知だったと、太田雄三『〈太平洋の橋〉としての新渡戸稲造』（みすず書房、一九八六）は論じている。ここではいくつかの事実を確認しておきたい。

新渡戸は挙げていないのだが、佐賀藩の山本常朝《つねとも》が語ったものだという『葉隠《はがくれ》』[*16]という本が

＊13—『代表的日本人』……西郷隆盛、上杉鷹山、二宮尊徳、中江藤樹、日蓮の5人を代表的日本人とし、その生涯を叙述。
＊14—『武士道』……あらゆるものが西洋化した時代、日本の伝統「武士道」をもとに「日本人とは何か」を考え直した書。
＊15—『茶の本』……日本の代表的文化である「茶道」を紹介。茶の歴史や茶道の哲学、茶室の建築などを論じる。

ある。「武士道とは死ぬことと見つけたり」で有名だが、この本は徳川時代には知られておらず、佐賀藩では禁書扱いで、とても当時の武士の規範だったとは言えない。これは明治後期になって初めて版本として出たもので、昭和初年、軍部が擡頭《たいとう》してきた時代にブームになり、軍国主義と重ね合わせられたもので、今なお岩波文庫から出たりしているのが不思議なくらいだ。この本を戦後も重視してきたのは、東大の倫理学研究室で、和辻哲郎、相良亨《さがらとおる》といった人たちである。また三島が『葉隠入門』などという本を書き、世界的作家だからそれが英訳などされて、日本に対する誤解を増幅している。

『ラスト サムライ』というハリウッド映画を観て、心ある日本人はさぞ仰天しただろう。もう明治時代だというのに、戦国武将のような甲冑《かっちゅう》を着た武士の反乱が描かれており、西郷隆盛でもモデルにしたのかもしれないが、フィクションといえど限度というものがあり、とても日本では作られない映画だ。にもかかわらず、日本でも映画評論家たちが異様にこれに高い点をつけたのは、米国で高い評価を受けたからかもしれないが、それほど今の日本の知識人は、自国の正しい姿を知ってもらいたいという意欲がないのか、とがっくりしたものだ。

外国人がこういう「サムライ」の異様な風体《ふうてい》や「ハラキリ」の風儀を、日本人から見ると不快なまでに信じているのは、やはり三島由紀夫のせいもあるだろうが、時代劇や歴史ドラマを観て、武士というのはこんなものだったと信じているのも、少々問題だろう。

たとえば徳川時代なら、女が結婚すれば、眉を剃り落としてお歯黒《はぐろ》をしたものだが、ドラマではそんなことはしない。映画『華岡青洲《はなおかせいしゅう》の妻』ではこれを再現していたが、これはむしろ例外だ。

とはいえ、貧民たちがけっこう血色もよく、家の中もキレイだったり、強い武士が一人で何人もバッタバッタ切り倒したり、切腹を迫られた武将が泰然自若《たいぜんじじゃく》として死に赴《おもむ》いたり、そういうのは「庶民の世間智」で「本当はこんなはずないよな」くらい言われているような気もするし、最近は大河ドラマの新しいのが始まって三カ月もすると、週刊誌に「あまりに史実と違う」みたいな記事が出るし、「本当はこうだ」のようなテレビ番組も盛んだし、さして気にする必要もないかもしれない。

そもそもそういう、過去の戦士を美化する物語は、シナにも西洋にもあるのであって、特殊日本的とはいえないし、まともな外国人なら、今の日本人に武士の精神が生きていて、あちこちで「ハラキリ」しているわけではないことくらい知っているだろうから、まあ、大した問題ではない。

だいたい、西洋人だって、十九世紀まで「決闘」はしていたわけだし、デュマ父の『三銃

＊16—『葉隠』……山本常朝の武士の心得についての見解を述べた書。主流の武士道と大きく離れていたため禁書扱いに。

士』などは十七世紀を描いているが、そこに描かれる騎士気質《かたぎ》なんて、さほど日本の武士と違うわけではない。キリスト教では自殺が禁じられているから、切腹を特殊のように思うが、キリスト教以前のギリシア・ローマには自殺、意志的な死というものはあるわけで、ただ大衆は、三島などのせいで、今でもやると思っていたりするだけのことだ。

まあ中には、「昔の日本人は立派だった」式のことをいう「保守派」のお歴々もいることはいるが、そういう方々に限って世渡り上手で、幕末・明治の立派な人物のように、命をかけて世間と渡り合う覚悟などないのが普通である。

「日本語は曖昧で非論理的」説の不思議

これは、どの本に書いてあるというよりも、あちこちで見かけるものとして、「日本語は曖《あい》昧《まい》だ」とか「非論理的だ」とか、含蓄《がんちく》を重んじるとか、余情《よじょう》を大切にする、とかいう議論がある。

しかし、これらの議論が、学問的に証明されたことは、一度もない。

チョムスキーを始祖とする生成文法においては、あらゆる言語は普遍的な構造を持っていることが明らかになりつつあって、ある言語が非論理的であるということはない。むしろ、どの言語でも、非論理的なことは言えると言うべきであって、なかんずく「フランス現代思想」とか、その影響を受けた米国あたりの人文系の論文は、フランス語や英語で書いても十分非論理的になりうるのみか、非論理的なものでも受け入れられるという衝撃的な事実を示した。

確かに、アカデミズムの中核においては、西洋でも日本でも、非論理的な論文を提出したら、学会誌を通過することはない。だからこそアラン・ソーカルは、わざと非論理的で無意味な、しかし「ポストモダン」的には意味があるかのように見える論文を、そういう系統の学術雑誌に投稿して、それが載ったあとで、その論文がでたらめであることを明らかにしたのである。

日本語が非論理的だというのも、戦後になって言われだしたことだが、非論理的な日本語の文章というのは確かに存在していて、それは小林秀雄《ひでお》と、その系統を引く文藝批評である。だが、もともと小林の、そういう文章は、ドイツ・ロマン派に学んだものであって、現に、文献学者だったニーチェも、最初の「批評」である『悲劇の誕生』を出した時には、学者として死んだも同然だと言われた。

欧米での状況は奇妙であって、一般には実証的で論理的な論文でなければ認められないが、文学系の一部で、デリダやドゥルーズやクリステヴァを援用《えんよう》しさえすれば、非論理的でもよい、という事態になっており、日本でもそれは同じである。

では、日本語ではものごとを曖昧にしようとする、というのは、どうか。いかなる言語にも、婉曲《えんきょく》表現というものはあって、英語ならユーフェミズムという。微妙な問題で、曖昧にしておいても構わないようなことがらを、曖昧なままにしておく、ということは、別に西洋人でもすることである。

医者が、患者に向かってはっきり、ガン宣告をするというのも、米国あたりで始まったことで、最近では日本でもそうするようになっていて、私個人は困ったことだと思っているが、これは米国で、真実を告げられなかったというので患者が提訴する事件が増えたからであろう。だがこれは、西洋文化というより米国の最近の文化の問題である。

一九九〇年に、『終わりの美学　日本文学における終結』（上田真・山中光一編、明治書院）という、日本文学に関する論文集が出たことがある。国文学研究資料館で開かれた国際的な日本文学研究会議の、「日本文学の特質」シリーズで、日本文学には、『源氏物語』や川端康成『雪国』のように、終わりがはっきりしない、オープンエンディングのものが多いという趣旨のものだ。この後、これに触発《しょくはつ》されたような論文もいくつか出たのだが、よく考えてみると、実に恣意《しい》的なのである。『平家物語』や能楽や、『南総里見八犬伝《なんそうさとみはっけんでん》』、ほか、終わりがはっきりしたもののほうが多いくらいで、たまたま『源氏』や『雪国』が、米国でも有名だというだけのことである。さすがにそういう議論は、五、六年で立ち消えになったが、当時はこの種の怪しい日本文学特質論がはやったものである。

あるいは、日本人は街中《まちなか》で、赤の他人に声をかけることができない、ということがある。ことがある、というのも変だが、何となくそう言われているし、しかもそれは事実であって、西洋へ行くと、街中でわりあい普通に、他人に声をかけるもので、これは私自身、カナダで感じたことがある。つまり「人見知りする日本人」である。

しばしばこれは、日本人の閉鎖性、自分が属しているグループ内でしか行動できない性格のせいと説明されたりする。もっと具体的に文献を挙げるべきなのだが、ちょっと適切なものが思いつかない。

だが、これは少々複雑な問題で、日本人が昔からそうだったわけではない。恐らくそうなったのは、昭和三十年代、高度経済成長以後のことだろう。特に、そういう現象は、都市部を中心としたものだ。結局、地方から人々が流入して、見知らぬ人々が増えたため、そうなったものだろう。

むろん、これは私の推定に過ぎない。しかし実際、多くの通俗日本文化論、ないしは日本文化論と謳わないでも、日本を対象とした「社会学」の研究などは、まったく平然と、歴史的推移を考慮に入れずに、現代だけを対象として、まるで見当違いの「方法」で研究しているものが少なくないのである。たとえばフェミニズム系の社会学者でも、歴史的なことにはまったく無知、のみならず勉強もしない人が少なくなく、ちゃんとやっているのは京大の落合恵美子（一九五八―　）くらいである。

文化論論争の天王山『菊と刀』を再考する

　さて、お前はいろんな日本文化論をあれはいい、これはいかんと決め付けているが、では『菊と刀』[*17]はどうなのか、と言われるかもしれない。何しろ『菊と刀』は、日本文化論論争の天王山のような趣があり、作田《さくた》啓一《けいいち》の『恥の文化再考』[*18]（一九六七）とか、いろいろな人が論じている。著者ルース・ベネディクトは女性で、文化人類学者のマーガレット・ミードとは恋愛関係にあった。つまりレズである。そして、日本へ来たことはなく、日米戦争当時、敵国研究の目的で、文献から作り上げたのがこの本で、著者が死んだ一九四八年に長谷川松治《まつじ》の邦訳が出て、これが現代教養文庫で長く読まれたが、版元の社会思想社が倒産し、二〇〇五年には講談社学術文庫に入り、二〇〇八年には光文社古典新訳文庫に、角田《つのだ》安正《やすまさ》の新訳が入った。

　表題の「菊と刀」は、天皇制と武士道を表している。内容的には雑多なものだが、いちばん有名なのは、西洋文化が罪の文化であるのに対して、日本文化は恥の文化だというものだろう。つまり西洋はキリスト教だから、神の前に罪を意識して生きているのに対し、日本では世間的な恥を気にして生きている、というのだ。

　そう言われればそうであるような気もするが、阿部《あべ》謹也《きんや》のように、日本でも西洋でも「世間」というものが大きな役割を果たしている、と述べていた人もいる。もっともそれはきちんと完成せずに終わったが……。また西洋人だって、注意して見ていればずいぶん「恥」意識で動いてもいる。もしかするとそれは単に、前近代的な地域社会とかに生きているか、近代的な個人主義的社会に生きているか、知識人であるか一般庶民であるか、あるいは個人差でしかないかもしれない。

ただ私は『菊と刀』には、あまり興味がない。というのは、もう六十年も前のものだし、多くの人があアだこうだと論じてきたから、特にこれを権威と奉じて何かを言う人が現代ではほとんどいないからである。

むしろ、『菊と刀』が論じられることがあまりに多いのが気になるくらいで、当初これが出たころには、まず鶴見和子（一九一八―二〇〇六）が批判し、ほかに批判者としては和辻哲郎（『埋もれた日本』新潮社）、津田左右吉《そうきち》（『文学に現はれたる我が国民思想の研究』岩波文庫）、柳田國男、竹山道雄（『主役としての近代』講談社学術文庫）といった錚々《そうそう》たる面々がおり、評価する者として川島武宜、米山俊直《よねやまとしなお》（一九三〇―二〇〇六）（ベネディクト『文化の型』を一九七三年に翻訳）、作田啓一、岸田秀がおり、さらに西義之（一九二二―二〇〇八）が『新・「菊と刀」の読み方』（ＰＨＰ研究所、一九八三）で擁護し、和辻を批判している。さら

＊17―『菊と刀』……日系移民との交流と文献から、「菊の優美と刀の殺伐」に象徴される日本人独自の思考と気質を洞察。
＊18―『恥の文化再考』……日本は恥の文化、西洋は罪の文化、といったベネディクト『菊と刀』の説を補足して批判。

にダグラス・ラミスが批判し、池田雅之との共著『日本人論の深層―比較文化の落し穴と可能性』(はる書房、一九八五)でも主として『菊と刀』が論じられている。また最近では長野晃子(一九三八―)が『「恥の文化」という神話』(草思社、二〇〇九)を出して、『菊と刀』は原爆投下を正当化するためのものだったと激しい批判を展開している。

批判者は概して、日本文化を否定的に論じられたと感じる者が多いようだが、和辻の批判は当たっているものの、全集からはその文章は除かれ、西は、ベネディクトの方法が和辻の『風土』と同じなので外したのではないかと推測している。またラミスなどは元「べ平連《へいれん》」なので、米帝国主義批判の文脈で批判している。

もっとも、『菊と刀』に欠陥があるのは当然ともいえるので、むしろ、こうした毀誉褒貶《きよほうへん》の激しさのほうが興味深い。これは畢竟《ひっきょう》、敗戦後の、戦勝国の米国人による日本文化論に対する日本人(ラミスを除く)の激しい関心の持ち方を示していると言うべきだろう。土居の『「甘え」の構造』のほうが、『菊と刀』などより遥かに欠陥が多い、というより、まるで論理的読解が不可能なのに、本格的に批判したのはデールくらいでこれは邦訳されず、李のものは前提を批判してはいるが特に継承されず、これはいずれも外国人による批判で、『菊と刀』に比べると、土居健郎は「甘やかされて」いるのではないかとすら思う。

ほかにも、イザヤ・ベンダサン著、山本七平訳として出て、今では山本の著作とされている

『日本人とユダヤ人』[*19]（一九七〇）なども、ベストセラーになったし、果てはそのユダヤ人に関する部分がでたらめだと批判した浅見定雄の『にせユダヤ人と日本人』（一九八三）などという本が文庫版にまでなっている。

しかし、これにも私はあまり興味がない。学問の世界では、こんな、変名で書かれたエッセイを取り上げる人などいないし、そういうレベルで議論をする気はないからである。とはいえ一応言っておくと、山本が『空気の研究』とか『日本教について』で言っているようなことは、本当に日本特有の現象かどうか、はなはだ疑わしい。

山本は、言葉巧みなレトリックで、あたかも西洋（ユダヤ社会？）では「空気」にとらわれない自由な議論がおこなわれるかのように言うのだが、では実際に西洋（ないし他国）に、山本が指摘するような「空気」の支配がないかといえば、それが本格的に検証されたことはない。会田雄次の『アーロン収容所』とは逆に、山本はひどく西洋に対して幻想を抱いているように見える。それは、ユダヤ思想の研究はしたけれど西洋に留学などしていない山本が本気で抱いていた幻想なのか、あるいは「進歩的文化人」を論破するための偽計だったのかは、分からな

＊19―『日本人とユダヤ人』……機密を守り通すユダヤ人、青竹を割るように話してしまう日本人、など、ユダヤ人との比較から繰り広げられる日本人論。ユダヤ人迫害の歴史も考察し、国際社会からの日本の迫害が迫っていることに警鐘を鳴らす。

い。

私が学生の頃から、西洋の大学では学生は活発に議論をするが、日本ではそうではない、ということが言われていた。しかし一九九〇年代になって、米国の一流大学などに行く日本人が増えてくると、活発な議論などというのは、二流、三流の大学での話であって、西洋でも一流大学では、みな批判されるのを恐れて寡黙《かもく》だと言われるようになってきた。

第四章 「恋愛輸入品説」との長き闘い

――『「色」と「愛」の比較文化史』批判

「近代以前、日本に恋愛はなかった」という都市伝説

私の本をまじめに読んでくれている読者は「またか」と思うかもしれない。もう私は十年以上、「恋愛輸入品説」という日本文化論と闘ってきているからだ。

しかしちょっと釈明させてほしいのだが、私がいくら言っても、この「恋愛輸入品説」に依拠する筆者があとを絶たないのである。むしろ、もとから唱えている人のほうが、私から批判されているだけに慎重になっているくらいで、まるで都市伝説のように「近代以前の日本に『恋愛』はなかった」と説く書物やら文章は、未だに出続けているのである。

たとえば速水健朗《はやみずけんろう》の『ケータイ小説的。』（原書房、二〇〇八）の冒頭近くにも、この説が批判もされずに紹介されている。また谷本奈穂《たにもとなほ》（関西大准教授）の『恋愛の社会学』（青弓社、二〇〇八）なども輸入品説を本文で紹介し、注で私の批判があることを断っているが、そもそ

も輸入品論者は私の批判にまともに答えたことがないのだから、もはや成立しないと考えるべきである。それどころか、刊行前に私に推薦文を頼んできた本のゲラを読んでいたら、相変わらず輸入品説が書いてあったので、書き直してもらったことがある。

世の中には、一度言っただけでは、どうしても伝わらないことというのがある。だから私は、何度でも同じことを言い続ける決心をしたのである。「恋愛輸入品説」というのは、明治期に、「恋愛」という思想が西洋から輸入された、日本人はそれまで「恋愛」を知らなかった、というのがその根幹である。

ただし、一般庶民は、そんな説があることは知らない。インテリや亜インテリが、これに引っかかるのである。

そういうことが言われだしたのは、やはり日本文化論が流行した一九七〇年代で、ドナルド・キーンや柳父章《やなぶあきら》、柄谷行人がそのはじめであり、特に柳父の『翻訳語成立事情』[*20]（岩波新書）と、柄谷の『日本近代文学の起源』[*21]の影響が大きい。

しかし、柳父や柄谷は、何も一冊まるごと使って「恋愛」を論じたわけでは、もちろん、ないのだが、全体として、日本の近代化論であり、日本は明治期に、ドラスティックな変化を遂《と》げた、とする点では、恋愛輸入品説の背景となっている。

柄谷はしかしその後、水村美苗《みなえ》との対談（『ダイアローグ4』第三文明社所収）で、『源氏物語』や近松があるから、それはいえない、と修正しているのだが、『日本近代文学の起源』は、その後解説を付け加えて英訳され、さらにそれの日本語版も出たのに、そこで明快に修正されていない。まったく、魔の書物である。

しかもその後、九〇年代に「カルチュラル・スタディーズ」というものが、人文学の世界で流行したが、これは当初は、ほとんどすべてが、日本の近代化論で、国民国家論だった。柄谷は当初これをバカにしていて「カルスタ」という蔑称《べっしょう》を提唱したのも柄谷なのだが、その後自分がカルスタみたいになって、ネーションと資本主義の結合などと繰り返している。

日本文化論は、ナショナリスト的、右翼的、保守派のものだ、と言う人がいるが、カルスタは、いわば左翼の日本文化論である。ひと頃は、日本近代文学の論文などみなカルスタで、実にたちが悪かったが、最近は下火になったようだ。

そしてその当時、保守派的日本文化論と、左翼的日本文化論が「野合《やごう》」した。その一つが、この「恋愛輸入品説」なのである。

「恋愛輸入品説」を集大成したのが、佐伯順子（一九六一―　）の『「色」と「愛」の比較文

＊20―『翻訳語成立事情』……「社会」「個人」「近代」「愛」といった十の言葉は、近代になって、翻訳のために作られたものという。作られ方を見ていく中で、日本人のものの見方がわかる。

＊21―『日本近代文学の起源』……風景、内面、告白など六つの言葉を挙げ、これらが文学において「発見」される過程を書く。

化史』（岩波書店、一九九八）という分厚い本である。こうなってくると、もう「小谷野の執《しっ》拗《よう》な佐伯順子批判が出たっ！」という感じだろうが、佐伯さんも最近の『「性」と「愛」の文化史』（角川選書、二〇〇八）では、私に批判された個所は修正しているから、あくまで「過去の佐伯さん」のことだと思ってほしいのだが、輸入品説だけはいかにも都市伝説風に残っていて、デビッド・ノッターの『純潔の近代』（慶大出版会、二〇〇七）とか、おかしな本が出ている。

言葉ができる前から「概念」は存在する

「恋愛」という言葉が、明治期に作られた、というのはいい。これは、事実である。しかし、だから恋愛に当たる概念は明治以前にはなかったというのは、おかしいのである。これは土居健郎が「甘え」に当たる語は西洋にはないから、と言ったのと同じで、たとえば「非モテ」という言葉がない時代にも「非モテ」な男女はいたわけである。「セクハラ」という言葉がない時代にもセクハラはあったわけである。

さて、恋愛輸入品説を初めて唱えたのは誰かといえば、北村透谷かもしれない。透谷は、近代的な恋愛の理想を抱いて、尾崎紅葉の『伽羅枕《きゃらまくら》』を批判した。しかし透谷は、平安朝文藝についてはほとんど知らなかった。あるいは、西洋の実態についても知らなかった。西洋の文藝についても、大して知らなかったはずである。透谷が知っていたのは、米国ニューイングランドの、トランセンデンタリストと呼ばれる思想家、たとえばエマソンである。

透谷は、西洋では、精神的な、清らかな「恋愛」が行われており、文藝もそういうものが主として描かれている、と思っていた。恋愛輸入品論者も、いくらかはそう思っているらしい。ただ違うのは、透谷は、日本におけるそれが、『源氏物語』から続く日本独特の頽廃《たいはい》であるとして唾《だ》棄《き》し、佐伯さんなどは、それが日本の、性に対して寛容な伝統であり、喜ばしいことだ、と考えたことである（今の佐伯さんは、そうではない）。

しかし透谷は、おそらく『源氏物語』を読んでいない。いや、読んでも同じだったかもしれないが、本居宣長の『紫文要領《しぶんようりょう》』とかも知らない。本居宣長が知られるようになるのはもっとあと、「もののあはれ」の説が知られるようになるのももっと後であり、それが一般に受け入れられるのは、昭和に入ってからである。

信長・秀吉の時代に日本に来ていた宣教師ルイス・フロイス（一五三二―九七）の書簡を訳した『ヨーロッパ文化と日本文化』という本が岩波文庫にある。一九六五年に岡田章雄《あきお》（一九〇八―八二）が『日欧文化比較』として訳したものを、岡田没後、文庫に入れたものだ。ここに、日本の女は処女の純潔というものを少しも重んじない、云々と、日本の貞操観念がヨーロッパに比してゆるいということを書いた個所がある。網野《あみの》善彦《よしひこ》はこれを読んで、西洋人の偏見ではないかと思ったが、日本側の史料を見てみるとどうも本当らしい、と書いた。

これは、比較文化論がどういう風に間違いを犯すかのよい例である。

フロイスは、ポルトガルの貴族の家に生まれ、九歳で宮廷に仕え、イエズス会に入り、十五、六歳でインドのゴアに渡り、その後日本に来て、以後一度もヨーロッパへ帰っていない。つまり、ヨーロッパの女の実態など知るはずがないのだ。宣教師が読む文献には、姦通する女の話が多い『デカメロン』や『カンタベリー物語』があっただろうか。網野もまた、日本史学者だから、西洋のことは知らない。

つまり、もしかしたら西洋の女だって似たようなものだったかもしれないのである。ただし、それは階層によって異なる。エドゥアルト・フックスの『風俗の歴史』(邦訳、角川文庫)を読むと、性道徳は国によって違うというより、階層によって違うと書いてある。つまり、中上流階級の娘の貞操は厳しく守られたが、下層の女ではそうではなかった、かもしれない。フロイスは宣教師だから、日本の下層民の中へも入って行っただろう。そして彼は、文化比較をする際には、階層ごとに分けて考えなければならない、ということを知らなかった。それは無理もない。現代日本の社会学者だって知らないのだから。

ピエール・ブルデューの『ディスタンクシオン』という本を読んでいない社会学者はいないだろう。これは、階層によって趣味嗜好がいかに異なるかを調査したものだが、社会学者は

「ハビトゥス」とかそういう言葉づかいの方に気を取られるらしく、ブルデューの本を読んでいても、日本でもまた階層によって性道徳は異なる、ということを思いつかないらしく、上野千鶴子などは、自分が厳格な医者の家に育ったから、厳しい性道徳を教え込まれたことを恨みに思い、徳川―明治時代には、もっと自由な「夜這《よば》い」の世界が広がっていたかのように妄想してしまう。佐伯順子も、良家のお嬢様として育ち、中学がキリスト教系だったから、自分が堅い性道徳に縛られているのを、近代のせいだと思い込んだ。

だが、近代以降になっても、下層社会では、性道徳になど縛られない（逆にいえばセクハラされ放題）の女たちは、たくさんいたのである。室生犀星《むろうさいせい》の『あにいもうと』でも読めば分かるだろう。

田中優子の場合は、ちょっと違う。田中は、祖母が茶屋のおかみだった。だから、近世的な色ごとの世界を擁護したいし、自分もまたそういう世界を生きている、と思っている。ところが田中は、自分が徳川時代に生まれていたら、女の身で大学教授になどなれなかったことを忘れている、か、忘れたふりをする。太夫《たゆう》（花魁《おいらん》）になりたい、と言っても、今のソープランドで働こうとはしないのである。佐伯や上野は、私がさんざん批判したから、今ではそういうことは言わないが、田中だけは頑《かたく》なにそういうことを言い続けているのである。

「恋愛は十二世紀フランスで発明された」の嘘

もう一つ、この説と双頭《そうとう》の蛇のように現れてくるのが、「恋愛」は十二世紀にフランスで発明されたという説である。こんな説は大昔、一九五〇年代ころまでにはやった説で、とっくに否定されているのに、日本では未だにそういうことを言う人がいる。水野尚《ひさし》『恋愛の誕生 12世紀フランス文学散歩』（京大学術出版会、二〇〇六）とか、千種《ちぐさ》キムラ＝スティーブン『源氏物語と騎士道物語　王妃との愛』（世織書房、二〇〇八）に、そういうことが書いてある。千種キムラにいたっては、どの本を見ても、十二世紀に一斉《いっせい》に現れた、と書いてある、というのだが、そりゃ勉強不足で、古い本ばかり見ているからである。

だいたい、『万葉集』にはいくらでも恋の歌が出てくるし、シナの古典『詩経《しきょう》』の「国風」も多く恋の詩を収めている。前者は九世紀、後者にいたっては紀元前の成立なのだから、何か、東洋は西洋より早く「恋愛」が成立していたとでもいうのか、と言いたくなる。

水野（一九五五―　）は関西《かんせい》学院大学教授で、専門はネルヴァルである。千種キムラは、ニュージーランドの大学教授だが、かねて『三四郎』についておかしな説を唱えていた人だから、まあしょうがないかと思う。

この説を持ち出す人は、二十世紀はじめに、フランスの歴史家シャルル・セニョボスという人が「恋愛、十二世紀の発明」と言った、という言葉をまず持ち出す。ところが、セニョボスという、大して知られていない（むしろ、この言葉だけで知られている）人のこのセリフは、セニョボスの著書で確認できない。私は、恋愛の比較文化研究を始めた一九九三年に、いま東大仏文科の主任教授をしている月村辰雄先生にお尋ねしてこのことを知った。伊達《だて》に東大教授をしているわけではないのだ、と思う。

もっとも仮に、セニョボスが口頭《こうとう》でそう言ったとしても、まるでキリスト教徒が、聖書の記述を崇めるように持ち出すのはおかしいのである。

つまりこの説は、十二世紀に南フランスでトゥルバドゥールという吟遊《ぎんゆう》詩人が現れて、恋の歌を歌った時に、「恋愛」は生まれた、と主張するのである。この説が日本でむやみと広がったのは、第一に、ドニ・ド・ルージュモン（一九〇六―八五）というスイスの作家が書いた『愛と西欧』（L'amour et l'occident）という本（一九三九）が、一九五九年に岩波書店で『愛について　エロスとアガペ』という題で翻訳されてからである。これは今は平凡社ライブラリーで復刊している。

続いて、一九七六年に、『西欧精神の探究　革新の十二世紀』という論文集が、西洋史の堀《ほり》米庸三《ごめようぞう》の編纂で日本放送出版協会から出て、そこに東大教授の新倉俊一《にいくらしゅんいち》が、トゥルバドゥールの恋愛起源説を書いて、この本にはその歌のレコード三枚が附録としてついており、話題になって、毎日出版文化賞を受賞し、そこから広まったのである。なおこれは「にいくらしゅんいち」(一九三二―二〇〇二)で、アメリカの詩を研究している新倉俊一《としかず》(一九三一―　)という明治学院大学名誉教授とは別人である。

しかし、十二世紀以前の西洋に「恋愛」がなかった、などということがあるはずがない。第一、二世紀ごろ成立とされるロンゴスの小説『ダフニスとクロエ』は立派な恋愛小説ではないか。またその時期のギリシアには、ヘリオドロスの『エティオピア物語』などの恋愛文学がいくつかあって、これは最近邦訳が出て(下田立行訳、国文社、二〇〇三)、その訳者解説に詳しい。

アンリ・ダヴァンソンの『トゥルバドゥール　幻想の愛』という本は、一九七二年に、新倉の訳で筑摩叢書から出ている。ダヴァンソンは、本名をアンリ・イレネ＝マルーという音楽批評家で、フランス語の原書はこの名で出ているから、詳しく調べたい人は注意されたい。さてダヴァンソンは、その「十二世紀革命」について、こう説明している。それまでの恋愛歌は、女が、男を待ち侘《わ》びて悲しみを歌うものだったが、十二世紀になると、突然、恋をして苦悩するのは男になる、というのである。

私は、この一節を読んで、はたと膝を打ち、男の恋と女の恋を区別して論じることを思いつき、それが私の博士論文『〈男の恋〉の文学史』(朝日選書、一九九七)になったわけだが、哀しいかな、この本はあまり売れていない。しかも、題名を見て、同性愛の話だと思う人もいて、さんざんである。

しかし、それも疑わしい。ピーター・ドロンケの『中世ヨーロッパの歌』（高田康成訳、水声社、二〇〇四）は、はっきりと「十二世紀説」を否定して、それ以前から、ヨーロッパ全体に、多種多様な恋の歌があったと論じた大著である。ドロンケ（一九三四―　）は、中世ラテン文学の権威で、英国学士院会員である。しかもこの大著は一九六七年に出ているのだ。つまり十二世紀説など否定されたあとになって、四十年も（そして今も）、否定された説が流布していたのだから、いかにも極東の島国で情けない。

恋愛十二世紀起源説の真相

実際にその当時、恋愛の十二世紀起源説というのは、よほど留保をつけなければならないものであることは、慶大の中世フランス文学の教授になる松原秀一《ひでいち》（一九三〇―　）は認識していて、「中世仏文学の恋愛観と女性像」（『藝文研究（慶大）』一九六五）で、セニョボスの「警《けい》句《く》」について、「ギリシアローマから恋愛をめぐって女性像が描かれている西欧の文学を背景にしての以上の様な発言は何を言わんとするか？近代西欧文学の一大関心事である恋愛を特に十二世紀に発生したとさせるのは何かは外見上の単純さに拘らず多様に複雑な問題を含」むと、婉曲《えんきょく》に疑念を表明しており、「Moche Lazar : Amour Courtois et “fin’ amors” dans la litterature de XIIe Siecle」の書評（同、一九六八）では「セイニョボスの著名な言は警句に過ぎるとしても」と、事実上否定している。

なお、この書評では、それまで使われていた「宮廷風恋愛（アムール・クルトワ）」というのは中世においては「フィナモール（まことの愛）」と言われており、アムール・クルトワという語はガストン・パリス（一八三九―一九〇三）が使い始めたものだとジャン・フラピエが言っている、としており、専門家の間ではこの頃から、フィナモールが使われるようになった。

しかし松原は、これについては著書を著すことはなかった。英文学でもそうだが、西洋中世文学の専門家は学究肌の人が多く、一般世間もあまり関心を持たないため、かくして一九六〇年代には学界では疑問視されていたセニョボスの言葉が、かえってそれ以後、日本で広まるという惨憺《さんたん》たる結果をもたらしたのである。

遡って言うと、紀元前のギリシアには、男が女に恋をするなどという文藝は、まずなかった。ソクラテスが賞賛したのは美少年であって、エロースと呼んだのは、美少年への精神的愛だった。これまた、あとでおかしな誤解を生むのだが……。

しかし、紀元前後のローマには、既に「恋愛エレギーア詩」と呼ばれる、詩人自身の、女への恋を歌った詩が現れている。ガイウス、グラッススとかプロペルティウスとかいう詩人がおり、日本では中山恒夫《つねお》が『ローマ恋愛詩人集』（国文社、一九八五）として訳出している。

私は九〇年代に、この本ではないがドロンケの著作を英文で読んでいたし、ほかに当時翻訳が出ていたモーリス・ヴァレンシーの『恋愛礼讃　中世・ルネサンスにおける愛の形』(沓掛良彦他訳、法政大学出版局、一九九五)でも、十二世紀発生説は適宜《てきぎ》修正されていた。また中山の仕事も知っていたから、それを援用しているが、二十一世紀になってなお、十二世紀の発明説など持ち出している学者というのは、不勉強も甚だしいのである。

それから以後、世界各地の古代恋愛詩の翻訳が出て、「西洋十二世紀の発明」などというのはとうてい成り立たないことは分かっている。

そして、この西洋十二世紀に発生した「恋愛」が、長い時を隔てて、明治期日本に輸入された、というのが、恋愛輸入品説の、いちばん極端なものなのである。しかし彼らには彼らなりの言い分があって、それが「精神的な恋愛」というものなのである。

柳父は、確かに『万葉集』にも恋は描かれているが、それらはみな、肉体関係を持ったあとの恋歌であって、日本には、遠くから恋いわたる、という意味の「恋愛」はなかった、と言う。

だがこれはおかしいのであって、『源氏物語』を読めば、光源氏は藤壺《ふじつぼ》に、柏木《かしわぎ》は女三宮《おんなさんのみや》に、肉体関係を持つ以前から恋心を抱いているのであり、だいたい、肉体関係を持つ前から「恋をする」というのは、現実に考えてみれば、人間がある程度の文明段階に達すればあるはずのことであり、そんなものに何らかの起源を求めるのが間違っている。

おそらく、「恋愛輸入品説」に感心した人たちというのは、「意外な事実」を求めていたのだろう。だいたい柄谷の『日本近代文学の起源』自体が、昔からあると思われているものは近代になって作られたのだという本である。むろん、天皇制などはまさにそうだし、古典と呼ばれるものでも、西鶴《さいかく》や近松《ちかまつ》が古典になったのは明治期のことだ。

「天皇制」という言葉から考える

最近、「天皇制」という言葉は、一九二七年のコミンテルン・テーゼの翻訳から始まったもので、天皇制を否定する者たちが使ってきた言葉だから、天皇を崇拝する者は使うべきではないと谷沢永一が言いだして、これを信じる者も多いようだが、それは本末顛倒《てんとう》である。

もともと天皇というのは、法を超越した自然的存在であって、律令制度の下《もと》では、天皇の地位や継承について定めた法などというものはなかった。大日本帝国憲法が、天皇の存在を規定した時点から、天皇制は天皇制になったのであり、それが嫌であり、伝統を守るべきだというなら、憲法その他の法の条文から天皇を削除するのが正しいのであって、右翼の一部にはそういう考えの者もいる。保守派の天皇論は、この点で、伝統に依拠して天皇を礼賛しながら、伝統とは異なる近代的な天皇制を守ろうとする、矛盾したものなのである。

北一輝《いっき》は『国体論及び純正社会主義』（『北一輝著作集1』みすず書房）で、「万世一系」を強調する法学者の穂積八束《ほづみやつか》を「土人部落の酋長」「国体教の山僧」と罵っている。北は、日本の歴史を通観すれば、それは乱臣賊子《らんしんぞくし》の歴史であって、藤原摂関家《せっかんけ》、鎌倉幕府、室町幕府、徳川幕府と、天皇皇室をないがしろにする者たちの歴史である、と述べた。

実際、徳川時代の庶民は、天皇が存在することも知らなかったのである。近松門左衛門の天皇劇（浄瑠璃）などがあるし、京の町人は知っていたとしてこれに反駁《はんばく》する者もいるが、京には御所があるのだから、それは知っていてもおかしくない。しかし、武士、町人を併《あわ》せても、日本人の八割は農民漁民なのだから、日本人の多くは知らなかったとするのが正しいのである（なお、北の本は中公クラシックスに入っているがこれは抄出《しょうしゅつ》で、肝心の部分は収録されていない）。

なお「日本人」というのは、近代になって国民国家ができてからのもので、それ以前に対して用いるのはおかしいという「カルスタ」系の考え方があるが、私はそういう窮屈な考え方はとらない。日本語を話しており、ユーラシア大陸のように多様な民族が混在している土地ではないのだから、中世以前となるとやや違和感はあるが、徳川時代なら十分「日本人」でいいと思う。

西尾幹二などが、天皇家が今日まで続いてきたのは、日本国民が支持してきたからだ、などと言うのは、真っ赤なウソなのである。まさか西尾ほどの人が、北一輝も読まずにいるはずがないから、これは間違いというより、意図的なウソである。

柄谷『日本近代文学の起源』は魔の本

さて柄谷へ戻ると、『日本近代文学の起源』は、連載当時から、日本近代文学専攻の亀井秀雄（一九三七―　）などから批判されていたが（『感性の変革』講談社）、依然として信奉者はいるようだ。私には個人崇拝という癖がない（なくなった）ので、柄谷とか吉本隆明とか、果ては宮台真司とか東浩紀とかをカリスマ視する人々の気持ちというのはよく分からない。どのみち、もう賞味期限切れの本だと思うのだが、石原千秋《ちあき》などは、近代になってつくられた、というカルスタの決まり文句を「つくられた系」と呼んでいる。もっとも、作られたか前からあったかは、個別に吟味すればいいだけの話で、ただそれにしても、今なお柄谷のこの本がバイブル的に読まれているようなのが、不思議だ。

たとえば「児童の発見」などは、今では無効になったフィリップ・アリエスの『〈子供〉の誕生』のまねだし、結核のところは、スーザン・ソンタグの『隠喩としての病い』だ。アリエスのほうは、結局さんざん批判されて今では成立しない説になっているが、「純粋な子供」という神話が近代になって成立した、というなら分かるのだが、子供という概念がなかった、と言うから、そんな無茶な、ということになるのだ。

ソンタグの本も、なぜ当時あんなに話題になったのか、今となってはよく分からない。日本で、西洋の本がインテリの間で話題になったものには、そういうものが少なくない。もっとも、日本で話題になる場合、それ以前に米国で話題になっているのが普通で、エドワード・サイードの『オリエンタリズム』にしても、結局西洋人が東洋について書いたものなどをずらりと並べては批判しているばかりの本で、日本語版翻訳の解説で杉田英明《ひであき》が言うように、サイードの新しさは、西洋人が書いたものは全て否定するという過激な姿勢にあるわけだが、しかし中にはちゃんと評価しているものもあり、結局この本の内容のどこがそれほど画期的だったのかは、よく分からない。

サイードを受けて流行したのが、ポストコロニアル批評、これも柄谷が蔑称として「ポスコロ」と呼んだものだが、これは本来、かつて西洋の植民地だった、カリブ海とかインド周辺とかアフリカ諸国などの文学者たちが、旧宗主国《そうしゅこく》の言語、つまり英語やフランス語で小説などを書くことを、植民地主義を逆手《さかて》にとる、という意味で理論づけしたものだ。

たとえば、シェイクスピアの『テンペスト』のような戯曲を、植民地主義との関係で論じるのは、ポスコロのさきがけのようなものだった。しかし、ある英文学者など、そういう論文は全て焼き捨てるべきだ、あれは単に米国人がヴェトナム戦争で経験したことをシェイクスピアに当てはめただけだ、と憤然として言っていた。むしろその後、日本近代文学のポスコロは、一時期、単に、過去に日本が朝鮮や台湾を自国領土にしたのがけしからん、とかいう政治的プロパガンダの場と化して、金太郎飴のようにその手の論文が書かれ、戦意高揚のために書かれた文章を、戦争を肯定しているといって非難するとかいったバカげた光景が展開された。あるいは、司馬遼太郎は、当時（今でも少しはそうだが）、保守派を勇気づける作家だというので左翼から攻撃されたりして、中には司馬の膨大なエッセイの中から些細《ささい》な部分を取り出して、ここは植民地支配への反省が足りない、とか指摘するようなバカバカしい「研究」もあった。

もう少しあとに流行したベネディクト・アンダーソンの『想像の共同体』（邦訳、一九八七）も、なぜあんなに騒がれたのか不思議である。ここで言われていることは、吉本隆明の『共同幻想論』と同じではないか。その『共同幻想論』にしてからが、出た当座はどうだったか知らないが、今となっては、「日本国」も「日本相撲協会」も、要するに組織というのはみな共同幻想である、というのは当たり前のことで、そんなに重要なことを言っていたのかどうか、疑わしい。

柄谷はその後『日本精神分析』（二〇〇二）という本を出している。いわば柄谷流の「日本文化論」で、河合隼雄なども、ここで批判されている。しかし柄谷はその中の同題の論考で、「以上の文章は一九九〇年に書いたが」とし、「日本人論」を批判しつつ、結局自分はもうひとつの日本人論を書いてしまったのかもしれないと自己批判している。しかるにこの本は、のちに講談社学術文庫に入っていて、書いた当人が否定していても、本気で読んでしまう若者もいるかもしれないので、ちと困ったことである。

トフラー『第三の波』の感動の構造

もっとも、そういう本が若い読者を興奮させるというのは、分からないでもない。私が大学二年生の頃、アルヴィン・トフラー（一九二八―　）という未来学者がブームになったことがあり、最初の翻訳は一九七〇年の『未来の衝撃』だったが、八〇年に『第三の波』が翻訳されてベストセラーになった。二年後に中公文庫に入り、それを私は読んで大いに感激し、それから二年くらいして、『未来の衝撃』の原書ペーパーバックを入手して、読破した。

その後もトフラーは『パワーシフト』などの大著を出し、邦訳も出て、著書が妻のハイディとの共著であったことも明らかにされたが、今ではトフラーがそんなに大した学者だと思う人はいないだろう。「第三の波」というのは、人類が、農業革命、工業革命という二つの波をくぐり抜け、いま情報革命というのが来ている、という話で、今では誰も驚かないだろう。ただし、私自身、その結論に感心したというより、トフラーの語り口が巧みだったのと、そもそも当時の私が、マルクスさえ読んでおらず、歴史といえば、人物が駆けまわる政治史くらいしか興味がなかったため、初めて農業化、産業革命といった事象について知り得て興奮したのである。

書物というのは、そういう性質を持っている。前近代の学問ならいざ知らず、現代日本では、プラトンから順番に読んでいく、というような教育を受けないから、若者は、カントやマルクスを読む前に、柄谷や吉本を読んでしまったりするから、そこに自分の知らない事がたくさん書いてあるので圧倒されて、なかんずくその書き方が巧みだったりすると、それを名著だと思い込んでしまったりするのである。

しかし三十、四十と、着実に古典的な書物を読み、勉強していくと、トフラーが書いていることは、なるほどうまくまとめているなと思っても、別に大学生の私が読んだ時のようには感動しなくなる。だから今の私は、いわゆるこの手の入門書的、概説書的なものを、最初から地《じ》道《みち》に読んだりはしない。ただ、自分が知らないようなところだけ拾って読むのである。これは小説であってもそうで、通俗小説の中には、会話だけ拾って読んでも分かるものが多いから、そういうのを読む時は猛スピードで飛ばし読みする。

だが、たとえ学者でも、十八世紀英文学を専攻している者で、それ関係の研究書ばかり読んでいるという人がいて、そういう人は日本のことなどほとんど勉強しないから、柄谷の言うのが本当だと思っている。英文学者に柄谷ファンが多いのはそのせいである。

あるいは、アメリカ人の日本文学研究者というような人がいる。そういう人に、アメリカ文学について、日本文学との比較でどう考えるか、といったことを尋ねても、あまり期待はできない。日本文学研究者は、アメリカ人でも、アメリカ文学のことなどあまり知らないからである。もちろん逆に、日本人のロシヤ文学研究者が、能楽のことなど全然知らないということもあるわけだ。

谷崎の「恋愛輸入品説修正」の思考をたどる

さて、谷崎潤一郎は、昭和六年（一九三一）に書いた随筆「恋愛及び色情」で、早くも、恋愛輸入品説を唱えている。谷崎は、自分が学生時代に習った「文学」というのは漢文漢詩で、それらには恋愛など出てこなかったと言い、明治になって西洋文化が入ってくると、恋愛の解放が行われたのだ、と言っている。

ところがそこで谷崎は、では平安朝の『源氏物語』などはどうか、と自ら問う。そしてここから先が、谷崎の「恋愛輸入品説修正」であり、まったく谷崎の見識が冴えわたるところであって、なるほど平安朝には、『源氏物語』などの恋愛文藝が栄えたが、武士の支配が始まるとともに、恋愛文藝は衰えていった、という。では近松門左衛門などはどうか、というに、谷崎は、近世の町人は武家と同じように女性を蔑視していたから、紀伊国屋小春《きのくにやこはる》（「心中天網島」）には、かぐや姫のように、そのまま天上へ昇って行きそうな崇高性《すうこう》はない、とはっきり言っている。

谷崎は、関西文化に心酔したように思われているが、そうでもなくて、人形浄瑠璃などは陰惨で好きになれないと言っている（「所謂《いわゆる》痴呆の藝術に就《つい》て」）。歌舞伎は幼いころからよく観ていたし、好きだったけれども、むしろ中世文学のほうが藝術的に優れていると考えていたようだ。

だがそこで、しかし『源氏物語』などは一夫多妻制的恋愛ではないか、それは自分らが理想とする近代の恋愛とは違うのではないか、と谷崎は疑問を呈する。だが、そのことはむしろ副《ふく》次《じ》的な問題である、と論を進める。ここを分かりやすく言えば、『好色一代男《こうしょくいちだいおとこ》』は、『源氏物語』をまねたものとされているけれど、少なくとも途中からは、遊廓での娼婦相手の「恋」の話が主となっていくし、全体に世之介というのは、ふざけた男でしかなく、一夫多妻制的といっても、光源氏が藤壺中宮に恋したり、柏木が女三宮に恋したりする時のような、いかにも近代恋愛的な狂おしさというものが欠けている。

柄谷行人は『日本近代文学の起源』で、前近代の日本文藝には、近代文学特有の、ここには自分のことが書かれている、という感じがない、と述べているが、これは近世文藝のことでしかない。平安朝文藝は、むしろ近代文学的なのである。

いっぽう谷崎は、この一夫多妻的か否かということは本質的な問題ではない、という話を、なぜか曖昧《あいまい》にして、女性美の話などへ話題を逸《そ》らしていってしまう。私は『恋愛論アンソロジー』（中公文庫、二〇〇三）にこれを入れた時には、谷崎の頭は非論理的だなどと書いてしまったのだが、その後、『谷崎潤一郎伝』（中央公論新社、二〇〇六）を書いて、この当時谷崎は、二番目の妻古川丁未子《とみこ》と結婚するところだったことに気づいた。なるほど、二十歳年下の女性との結婚に当たって、一夫多妻的な恋愛をあまり擁護するのは気が引けたのだろう、と分かったのである。

しかし、平安朝から中世の恋物語には、一夫一婦制的なものもちろんたくさんあって、シンデレラ型のロマンス『落窪物語《おちくぼものがたり》』や『住吉物語』、あるいは御伽草子《おとぎぞうし》の「一寸法師」などもそうである。

谷崎は確実に、「恋愛輸入品説」はおかしくて、むしろ鎌倉時代以後、漸次《ぜんじ》、武家の世の中になってから、女性蔑視、恋愛蔑視が進行したと考えている。谷崎のこの随筆を中心とした分析は私の「日本恋愛文化論の陥穽《かんせい》」（『男であることの困難』新曜社）に書いてある。

ところが、こういう見方をする人はたくさんいて、むしろかつてはそれが常識だったのである。折口信夫も、武家時代になってから、文藝が女性蔑視的になっていく、と書いている。私は、明治二十年前後の「恋愛文化史」を調べて、当時はそれが一般的な論だったことを発見した。たとえば宮崎湖処子《こしょし》の『日本情交之変遷《じょうこうのへんせん》』がそうだし、甲田良造《こうだりょうぞう》の『色情哲学《しきじょう》』もそうだ。

いずれも明治二十年（一八八七）のもので、宮崎のほうは『明治文学全集　36　民友社文学集』（筑摩書房、一九七〇）に入っている。これらについて、私は論文「明治二十年代恋愛論の種々相――布川孫市《ぬのかわまごいち》『相思恋愛之現象《そうしれんあいのげんしょう》』その他」（『文学』二〇〇五年十一・十二月）に書いたが、まだ単行本に入っていないので、私のウェブサイトに載せてある。なおここで「情交」とか「色情」とかいっているのは「恋愛」のことで、当時まだ「恋愛」という語が定着していなかったのである。

ところが、北村透谷が明治二十五年（一八九二）に書いた「厭世詩家《えんせいしか》と女性」とか、その前の「粋《すい》を論じて『伽羅枕《きゃらまくら》』に及ぶ」がむやみと有名なので、多くの人は、透谷の論に引きずられる。「厭世詩家と女性」は「恋愛は人世の秘鑰《ひやく》なり」という書き出しで有名である。「鑰」は、鍵である。だがここで重要なのはむしろ「『伽羅枕』……」のほうで、透谷は文藝評論家として、当時の新刊だった尾崎紅葉の長編小説『伽羅枕』を批判した。この当時の紅葉は、のち国木田独歩に「洋装せる元禄文学」と呼ばれたが、確かに、西鶴の『好色一代女』を焼き直したようなものである。透谷は、そういう「近世的色道」を批判して、返す刀で徳川期の洒落本《しゃれ》である梅暮里谷峨《うめぼりこくが》の『傾城買二筋道《けいせいかいふたすじみち》』を批判する。

これは、一重《ひとえ》という若い娼婦と、それを口説き落とす醜男の文里《ぶんり》というお大尽《だいじん》の話だが、そこへ行く前に、日本の中世以降の文藝に頻出する「娼婦との恋」というモティーフについて説明しておかなければなるまい。

ラフカディオ・ハーン（一八五〇—一九〇四）は、日本の文藝に描かれた恋は、藝者相手の迷いのようなものしかない、と書いたが、これは二重に間違っている。第一にハーンは、藝者と娼婦の区別がついていないし、『源氏物語』のような平安朝文藝のことは、全然知らずにこういうことを言っている。

一般の人は、ハーンといえば、日本を愛し、日本人女性と結婚し、小泉八雲と名乗った人だと思っているが、ハーンはそんなに若いうちから日本にいたわけではなく、米国のニューオーリンズで新聞記者をしながら小説を書いており、明治二十三（一八九〇）年に日本に来て、第一高等学校や東京帝国大学で、英語で、英文学の講義を行った。そして終生、日本語の読み書きはほとんどできず、片言の会話ができただけだった。ハーンが日本の民話などを英語で再話しているのは、節子夫人が語って聞かせたものである。つまりハーンは、リービ英雄《ひでお》などより遥かに日本語ができなかったのである。

それは、昔のことだからしょうがない、というわけではなくて、しばしばハーンと対比されるバジル・ホール・チェンバレン（一八五〇—一九三五）は、明治維新後すぐ日本に来て日本語・日本文学を研究し、『古事記』を英訳するという偉業をやってのけており、日本文化に対する理解は、ハーンより遥かに高かったのである。

ダイジェスト『日本売春史』

なおしばしば、日本の娼婦のことを「遊女」と呼ぶ人がいるが、これは中世までのものについてはいいけれど、近世になってからは一般的な呼称ではない。高級娼婦は太夫《たゆう》とか花魁《おいらん》とか呼ばれたが、一般的には「女郎《じょろう》」である。幕府は漢語的に「売女《ばいじょ》」と呼んでいた。『万葉集』には「遊行女婦《ゆうこうにょふ》」と呼ばれる、どうやら当時の遊女らしい女との恋めいた歌が入っているが、『源氏物語』や『夜の寝覚《ねざめ》』のような平安朝物語文藝には、遊女との恋は出てこない。『古今和歌集』以後の和歌にも出てこない。あるいは鎌倉時代、室町時代の物語類でも、ほとんど出てこない。

遊女との恋が文藝に現れるのは、『平家物語』や『曽我物語』のような、軍記物語においてである。『平家』の冒頭は、平清盛と、祇王《ぎおう》、祇女《ぎじょ》、仏御前《ほとけごぜん》という三人の白拍子《しらびょうし》との関係から始まっている。白拍子というのは、源義経の愛人の静《しずか》御前で有名だが、あのように、水干《すいかん》に烏《え》帽子《ぼし》という男姿で舞いを披露《ひろう》しつつ、売春もおこなう女で、遊女とはやや違うが、遊女の一種である。遊女=娼婦といえば、不特定多数の男を相手にセックスをする女なのに、なぜそれが愛人になったりするのかと思う人もいるかもしれないが、これは売春史的に見ても、西洋にもあることで、戦後日本で、特定の米兵の愛人になる娼婦のことを「オンリー」と呼んだのと同じである。西洋にも、そういう娼婦というのはいた。

『平家』や、『義経記《ぎけいき》』には、遊女や白拍子を愛人にする武士がかなり出てくる。源義朝は、東山道《とうさんどう》の美濃《みの》青墓《あおばか》の宿《しゅく》に、遊女の愛人がいたりするし、謡曲『熊野《ゆや》』では、平宗盛《むねもり》の愛人の遊女熊野が出てくる。

ではそういうことは武士だけのことだったかというと、公家でも、母が遊女とされている者が、この当時は何人かいて、どうやら後白河《ごしらかわ》・後鳥羽院政の時代には、遊女を愛人とする公家がいたようである。これについては、豊永聡美《とよながさとみ》の論文「中世における遊女の長者について」(『中世日本の諸相　下』安田元久先生退任記念論集刊行委員会編、吉川弘文館、一九八九)が詳しい。(学問においては、こういう風に、単行本にも入っていないような論文が重要な役割を果たすことが少なくない。一般読者は、いま私が挙げた論文を、こんな地味な論文集からわざわざ探したりはしないだろうが、百人に一人くらいは見る人がいるかもしれないので挙げておく)。

また『曽我物語』では、父の仇を討とうとする曽我兄弟の愛人として、大磯の虎、化粧坂《けはいざか》の少将といった遊女が出てくる。これは成立時期が不明だが、鎌倉末期から南北朝期のものだろう。『義経記』でも、義経の家来の佐藤忠信が、愛寿《あいじゅ》とかいう遊女の愛人を持っている。

そういったことは、私の『日本売春史』(新潮選書、二〇〇七)に詳しく書いてあるのだが、ところがこれが、南北朝時代の戦乱を描いた『太平記』になると、ほとんど、遊女・白拍子と武将の恋というのは出てこなくなる。なお、この『太平記』は、明治から昭和戦前にはよく読まれたが、戦後読まれなくなってしまった。戦前は、南朝正朔《なんちょうせいさく》とする説を政府がとっており、新田義貞《にったよしさだ》や楠木正成《くすのきまさしげ》は忠臣、足利尊氏《たかうじ》は逆臣、悪人とされていた。戦後になって吉川英治《よしかわえいじ》は、尊氏を主人公として『私本《しほん》太平記』を書き、これが一九九一年の大河ドラマ『太平記』の原作である。

日本の歴史について知りたいという人は、ぜひこの『太平記』を読んでもらいたい。ただし原文は、ところどころに、長々とシナの例が挙げられて、無駄に長くなっているから、そういうところは飛ばしてもいい。現代語訳は、山崎正和によるものが河出文庫などに入っている。

さらに、室町時代に入ると、平安朝の江口《えぐち》・神崎《かんざき》のような遊里がなくなり、遊女がいたことは確かなのだが、詳しい史料や、文藝に現れることがなくなってゆく。ただ、御伽草子の『猿源氏草紙』は、猿源氏とあだ名される鰯《いわし》売りが、蛍火《けいが》という洛中《らくちゅう》の遊女に恋をし、殿様に化けて会いに行くのだが、鰯売りであることがばれ、それでも蛍火はその真心に感じ入り、しかも蛍火は、丹鶴《たんかく》城からさらわれたお姫様であることが分かって、二人が結ばれるという、ロマンスである。

いろいろな遊女・白拍子が現れる鎌倉時代に比べると、室町時代の文藝で有名なのは、この蛍火くらいであろう。三島由紀夫はこれを歌舞伎「鰯売恋曳網《いわしうりこいのひきあみ》」に仕立てた。

ある階層だけを「日本人全体」と見なすことについて

ところが、徳川時代に入り、江戸の吉原、京の島原、大坂の新町《しんまち》などの遊廓が成立すると、そこにいる娼婦を相手とした恋、つまり「色道《しきどう》」というものができあがり、ここに、まことに変態的な文化が成立するのである。それは、十七世紀の終り頃のことである。太夫と呼ばれる高級遊女と同衾《どうきん》するためには、初回《しょかい》、裏、馴染《なじ》みと、三回通わなければならなかったという伝説がある。『春画』（講談社選書メチエ）でタイモン・スクリーチという、英国の日本美術研究者は、江戸美化主義者はこの伝説を過大に見積もる、と書いているが、その通りだと思う。とはいえ、明治中期ころまで、吉原の大店《おおだな》の花魁は、客だからといって必ず身を任せたわけではなく、「振る」ということがあったらしい。

花魁は、一晩に何人も客が来ることがあったので、「回し」として、ぐるぐると複数の客の間を回るのだが、気に入らない客は、行かないとか、適当に酒の相手だけしてよそへ行ってしまうとかいうことがあったようである。また、何度も通ううちに、馴染み客となり、「情夫《いろ》」になったり「間夫《まぶ》」になったりする客というのができる。そして、花魁が来て、うまくセックスができると「もてた」と言ったのである。つまり「振る」とか「もてる」とかいうのは、元来遊廓の用語だったわけである。

こういう風儀を背景として、近松門左衛門などの、遊女と心中する浄瑠璃とか、西鶴や八文《はちもん》字屋《じや》の浮世草子、あるいはその後の洒落本などが出てきたのである。

ここで、いったいいぜんたい、なんで娼婦なんぞを恋の（恋愛の）相手にするのだろう、と現代人なら思うだろう。当時、素人女のことを「地女《じおんな》」といい、五代将軍綱吉の時代に権勢を誇った側用人《そばようにん》柳沢吉保《よしやす》の一門の柳沢淇園《きえん》は、随筆『ひとりね』で、「女郎さま」のほうが地女よりずっといい、と述べた。淇園はもとは、漢名として柳里恭《りゆうりきよう》を名乗る南画家として知られていたが、『ひとりね』が大正時代に翻刻され、『日本古典文学大系　近世随想集』に入ってから知られるようになり、ヨコタ村上孝之、佐伯順子、上野千鶴子らが、徳川時代を代表する思想のように扱っているが、それは史料の取り扱いが誤っている。

『ひとりね』は、まだ二十歳そこそこの、才能のある若者の随筆だが、その当時刊行されたわけですらない。そんな一青年の、少し変わった思想を、時代を代表するもののように言うのは大きな間違いなのである。

しかし、「娼婦相手の恋」という、変態的な思想が、一部に存在したのは確かである。とはいえ、今だって、ソープ嬢やヘルス嬢に対して、そういう思いを抱く男というのは存在するのであって、彼らはそういう「嬢」を「オキニ」つまり「お気に入り」と呼んでいる。

佐伯順子の昔の本などを読むと、まるで徳川時代の遊廓は立派な「文化」で、人々が堂々と吉原あたりへ通っていたように勘違いするが、そんなことはないのであって、今だってある種の男は、高級クラブのホステスや藝者を愛人にしたりしているが、それなりにこそこそとやっているのであって、徳川時代でもその程度にはこそこそしていたのである。

ではなぜ地女、つまり素人女ではないのか、といえば、そもそも当時の日本人の八割が農漁民なのだから、彼らは地元で、それなりに素人女と「恋愛」していたはずだし、町人であっても、出会い茶屋とか、そば屋の二階などで逢引《あいびき》してセックスしていたのである。そういう近世恋愛事情については、花咲一男《はなさきかずお》の本が詳しい。『江戸の出合茶屋』(三樹書房)などというのがたくさん出ている。ただ、江戸に関して言えば、男の人口が女よりずっと多かった。地方から男たちが流入してくるからである。だから、素人の相手のいない男は、遊廓へでも行くしかなかったのである。

もちろん、文藝の中にだって、素人女との恋は描かれている。八百屋お七がそうだし、お染《そめ》久松《ひさまつ》、その他、今ではあまり読まれない読本《よみほん》などの中には、素人男女のロマンスは多く描かれている。

洒落本というのは、そんな中でも、特に遊里での遊びを中心として描いたジャンルだが、さて、中村真一郎は、明治になって文学史を作る時、黄表紙《きびょうし》・洒落本・滑稽本などは、その当時ほかに文学らしいものがなかったから文学史に入れられて得をした、と書いている。その通りであろう。要するに、現代でも存在する、『トルコで楽しく遊ぶ法』とか風俗案内誌のようなものなので、そういうものを書いているから、作者は「戯作者《げさくしゃ》」などと言って蔑《さげす》まれたりしたのである。田中小実昌《こみまさ》など、はじめのうちはストリップ関係の本ばかり書いているし、胡桃沢《くるみざわ》耕史《こうし》も本名の清水正二郎《しょうじろう》で、エロ本とかその種の翻訳をしていたのであり、田中や胡桃沢は直木賞をとって認められたが、浮世草子や洒落本の作者というのは、明治になって文学扱いされるようになったものなのである。

恋愛に関しては近世のほうが例外的

ところで、二〇〇二年十二月に東大駒場で行われた、恋愛に関するシンポジウムで、私がこのことを述べたら、輸入品説のヨコタ村上孝之が、中古（平安朝）のものを挙げるのは例外を挙げるものであって、例外を出して否定するのは簡単だ、と言ったのだが、私は司会の進行に妨《さまた》げられて反論しえなかった。例外ではないのである。鎌倉時代以後も、鎌倉時代物語、室町時代物語といった、平安朝文藝の衣鉢《いはつ》を継《つ》ぐ恋物語は数多く作られており、それらは『鎌倉時代物語集成』全七巻別巻一（笠間書院、一九八八―二〇〇一）、『室町時代物語大成』全十三巻補遺二巻（角川書店、一九七三―八八）や、刊行中の『中世王朝物語全集』全二十二巻（笠間書院、一九九五― ）にどっさり入っている。

つまり、仮に「色道」時代というものがあるとして、それは一六八〇年ころから始まったものでしかなく、明治維新まで二百年もない。それに対して、平安朝的な恋物語は、十世紀から始まるとしても、七世紀を超える歴史があるのだから、近世のほうが例外なのである。

また近世を通じて、『薄雪物語』という短いものがロングセラーになっているのだが、これは艶書文範《えんしょぶんぱん》で、多くの恋物語の実例を挙げげつつ、恋文の書き方を教えるものである。近世文学研究者なら知っていることで、これについては松原秀江《ひでえ》の『薄雪物語と御伽草子・仮名草子』（和泉書院、一九九七）という研究書がある。

さて、『傾城買二筋道』は、そういう文化の中で書かれた、傾城買いつまり女郎買いの様子を描いたもので、前半と後半に分かれ、有名なのは後半「冬の宿」で、若い女郎の一重が、文《ぶん》里《り》という男がしげしげと通ってくるのに、これを嫌って相手をしようとしない。つまり「振って」いるわけだが、女郎に「振る」権利があるといっても、カネのある男を執拗に振っていると、姉女郎たちが承知しないのである。

それでも文里は我慢強く通うのだが、遂に姉女郎たちから、あんないい人を振り続けるのは堪忍《かんにん》できない、と文里を前にして責められ、一重は泣きながら、いきなり指を切ってしまう。間夫への「心中立て」として、髪や爪を切って相手に与えたり、起請文《きしょうもん》を与えたり、果ては指を切るなどという恐ろしい風習が遊里にあったわけで、もちろんそうそう指を切ってはいられないから、こしらえ物の指とか、死体から切り取ってきた指を与えた、というのだが、実際に切った例もけっこうあっただろう。

しかし文里は、却《かえ》って腹を立て、こうふてえ真似をされては我慢がならぬ、と怒り出す。そこを姉女郎たちがなだめて、どういうわけかこの二人は「できた」仲となる、という筋で、しかもどういうわけかこの話がヒットして、一重・文里を主役として続編が作られている（『洒落本大成』十七巻、中央公論社、一九八二）。しかものち、河竹黙阿弥《かわたけもくあみ》の歌舞伎狂言『三人吉三廓初買《さんにんきちざくるわのはつかい》』にもこの話は取り入れられているが、今題名を変えて上演される『三人吉三巴白浪《さんにんきちさともえのしらなみ》』には、この話は出てこない。

歌舞伎や落語の、今ではあまり上演されないものの中には、こんな風に、女郎を人間扱いしていないようなものがある。驚いたのは、月亭八方《つきていはっぽう》が今でも落語「坊主茶屋」を口演《こうえん》していることで、これは下級女郎を買いに行って、夜女郎が寝たあと、その髪が鬘《かつら》で、鼻も作りものであることに気づくという筋で、要するに梅毒のために髪が抜け鼻ももげたという、グロテスク落語としか言いようのないものである。

近世文化というものは、次第に頽廃的になっていったもので、浮世絵なども、幕末ころになると、美人画だか化物画だか分からないようになっていき、ひところは「化政期江戸」といったら頽廃文化の象徴のように言われたものだ。

日本文化は「猥褻」か

北村透谷(一八六八—九四)は、本名を北村門太郎《もんたろう》といい、小田原の生まれで、十五歳の頃から自由民権運動に参加していたが、長谷川昇『博徒と自由民権』(一九七七、のち平凡社ライブラリー)に書いてあるように、自由民権運動の闘士というのはヤクザ者的なところがあって、酒を呑んでは遊廓へ登《あが》ったりしており、透谷もそれに加わって、童貞を失ったに違いない。

フランス革命もまた、男たちの革命であって、フランスで女に参政権が与えられたのは、第二次大戦後の一九四五年のことである。明治維新の際、女性解放ということを考えた知識人は、福沢諭吉と森有礼《ありのり》で、福沢は『新女《おんな》大学』などを著して、旧時代の『女大学』に代わる、新時代の女のあり方を説き、森は「契約結婚」として、男女対等を建前とする結婚をした。

ところで、のちに森はこの妻を離縁してしまい、長らく、夫人は悪女で、西洋人と密通して子供を産んだからだといった風説が流布《るふ》されていたが、森本貞子の『秋霖譜《しゅうりんふ》—森有礼とその妻』(東京書籍、二〇〇三)によって、この妻の義理の弟が、静岡事件という、自由民権運動の一つに参加し、伊藤博文暗殺計画に加わったためであることが明らかにされた。その後出た堀江《ほりえ》珠喜《たまき》の『「人妻」の研究』(ちくま新書、二〇〇五)に、相も変わらず、西洋人の子供を産んだとか書いてあり、私は編集部から訂正を申し入れたのだが、別に直す気もないらしいので、書いておく。

当然ながら、当時の娼婦というのは、借金のかたに売られてきた性奴隷も同然である。明治六年（一八七三）に娼妓解放令が出されたが、これは単に名目上のものでしかなく、かえって娼妓らは、自分自身の意思で「営業」していることにされてしまい、以後昭和期まで、廃娼運動が続くことになるが、当時、女性解放論の旗手《きしゅ》だったのが巌本善治《いわもとよしはる》で、これは『西国立志篇《さいごくりっしへん》』を翻訳した中村正直《まさなお》（敬宇《けいう》）に学び、明治女学校の二代目校長となり、『女学雑誌』を編集して、女子解放論を唱えていた。その妻は、バーネット夫人の『小公子』を、この題で翻訳してこの雑誌に連載した若松賤子《しずこ》である。

だが、民権運動家の中にも、男女同権論に反対する者はいて、中江兆民《ちょうみん》、幸徳秋水《しゅうすい》などは、遊廓存置論で、兆民など「男女異権論」という文章を書いている。

さて透谷は、それから三年ほどして、民権運動の指導者の一人である石坂公歴《まさつぐ》の娘で、二歳年上のミナと恋愛関係に落ち、米国ニューイングランドの思想家エマソンなど、キリスト教（主としてプロテスタント）の思想に触れて回心し、精神的恋愛を知らず、登楼《とうろう》などしていた自分を激しく恥じ、前近代文藝への攻撃を始めるわけである。

ところが、透谷はどうも『源氏物語』を読んだことがなかったのではないかと思われる。そもそも明治期、『源氏』は原文が難解だったし、平安朝女房文藝というのはほとんど読まれていなかったのである。夏目漱石も『源氏』は通読していないし、須磨あたりの描写を読んだ程度だった。

当時の知識人の多くが、日本の古典文藝として知っていたのは、詩歌《しいか》を除けば、馬琴の読本、その他の近世文藝（上田秋成はまだ知られていない）、この頃流行していた西鶴、謡曲、『平家物語』、『太平記』などである。

しかも、当時日本へ来た西洋人が、日本文化には猥褻《わいせつ》なところがある、と盛んに言ったのだが、それは多分、藝者というものを知ったせいで、おかげで「フジヤマ、ゲイシャ」なる語が日本を代表する言葉になってしまった。

逍遙も透谷も「近世文化は猥褻」と騒いだ

それはともかく、まっさきに、『源氏』と『好色一代男』を一緒くたにして、こういう猥褻なのが日本文藝である、と言ったのは、明治十八年（一八八五）の坪内逍遙《つぼうちしょうよう》『小説神髄』[*22]である。そして透谷も、近世文化が猥褻なのは、平安朝文化の直系であると言ったし、太平洋戦争後になっても、そういうおかしな理解は残っていて、歴史家の井上清（一九一三―二〇〇一）

＊22―『小説神髄』……明治になってからの日本文学は、戯作か政治小説が中心だった。しかしこの本では、客観描写に努める「心理的写実主義」を主張。近代文学の誕生に寄与した。

は、左翼歴史家として一世を風靡《ふうび》したが、ベストセラーとなった『日本女性史』(一九四八)で、平安朝の宮廷はまるで遊廓だった、と書いたのである。

紫式部のような、宮中に仕える女房というのは、確かに、公家相手の恋愛遊戯をすることも、それが職業の一部になっているようなところがあった。だが遊廓にたとえるのはひど過ぎる。

明治期の国文学者・芳賀矢一《やいち》も、『源氏』を偉大な文学として紹介しつつ、それにしてもこんな猥褻なものがわが国の古典だというのは情けないことですなどと言っている。というのは、当然ながら当時の知識人の多くは武家出身で、儒教的な道徳観念を持っており、だいたい近世を通じて、『源氏』は猥褻である、としばしば非難されてきたのである。それに対して、たとえ姦通であっても、そこに恋のまことがあると説いたのが本居宣長で、宣長の解釈は革命的なものだったが、当時は知識人ですら、宣長のそういう『源氏』解釈を知らなかったのである。宣長は、『古事記』の注釈書である『古事記伝』の著者として、また国学の確立者としては知られていたが、その「もののあはれを知る」の説は、知られていなかったのである。

もう一つ、明治初期に西洋思想を導入した人々は、おおむね米国ニューイングランド経由で「恋愛思想」を輸入した。中村正直も、新島襄《にいじまじょう》もそうである。米国は清教徒の国だから、性に関して特に厳格で、ホーソーンの『緋文字《ひもんじ》』が描くような、姦通を犯した女は厳しい罰を受けるといったことがあった。米国は二十世紀後半になって「性革命」を経験するが、それまでどれほど厳格だったかは、立花隆《たかし》の『アメリカ性革命報告』(文春文庫)に詳しい。

比較文化論というもののもう一つの落とし穴は、日本人が、西洋を一枚岩的にとらえがちなところにある。少しでも西洋文化をまともに勉強した人なら、西洋も国によってだいぶ文化が異なり、国同士であれこれと比較をして、他国をバカにしたりしていることを知っているはずだ。

のちに『源氏』が英訳された時、それが千年も前の作品であることを知らない西洋人が読んで「フランスの心理小説のまねだ」と言ったとされている。もっとも実際には、フランスの心理小説に近いと言われたのだが、実にフランスこそは、西洋の中でももっとも性的に放縦《ほうしょう》で、かつ近代的な結婚を理想とする恋愛思想を抱かなかった国とされている。そのことは棚沢《たなさわ》直子が書いている(『シリーズ比較家族 恋愛と性愛』服藤早苗・山田昌弘・吉野晃編、早稲田大学出版部、二〇〇二)。

平安朝宮廷が遊廓のようだ、にしても、ルイ十四世時代以降のフランス貴族の生態など、それと大して変わらないことは、コデルロス・ド・ラクロの『危険な関係』や、それから一世紀ほどを隔てたアナトール・フランスの『赤い百合』を読めば分かることだ。貴族の娘は、年老いて財産のある貴族と結婚して、若い愛人を作り、夫が死んで財産が転がり込むのを待つというのが日常茶飯事《さはんじ》だった。

だが、坪内逍遙が学んだのは英国ヴィクトリア朝の文藝や思想で、とりわけて性に厳しいものだった。とはいえ、その裏面はずいぶん乱れていたのだが、そんなことを逍遙が知るはずがない。

トルストイの「モーパッサン論」は、モーパッサンの長編『ベラミ』などが、フランスのそうした性的乱脈を批判的に見ようとしていないと言って非難している。当時、フランス語は国際語で、だから「リンガ・フランカ」（フランク人の言葉）というのが、国際語の意味になり、ロシヤの上層階級や知識人はフランス語で話したくらいだが、キリスト教に回心して、それまでの『アンナ・カレーニナ』のような恋愛・姦通小説を否定したトルストイには、フランスの恋愛思想は許し難く見えたのである。

日本と西洋の恋愛観の違い

日本と西洋に違いがあるとすれば、西洋がキリスト教国だから、一夫一婦制を建前としたということくらいで、しかし日本だって、シナに比べたら、本格的な一夫多妻制の国とはいえない。徳川時代、天皇・将軍・大名なら、側室を持つことは普通だったが、町人や下層の武士は、こっそり妾《めかけ》を持ったりしていた。チャン・イーモウの映画『紅夢《こうむ》』に描かれたような、堂々たる一夫多妻制はなかったのである。

また日本人はどうやら長いこと、公娼制度、つまり政府が認めて管理する遊廓の制度は日本独自のものだと信じてきたらしく、村上信彦（一九〇九―八三）などは『明治女性史』（一九六九―七二）でそう論じ、のち藤目《ふじめ》ゆき（一九五九―　、阪大准教授）の『性の歴史学』（不二出版、一九九七）によって、西洋にも公娼制度があったとして批判されている。こんなことは、西洋史の学者が指摘すべきことだが、性の領域に関しては、日本の歴史学は依然として閉鎖的である。

なお、移民の国である米国では、先住民（インディアン）、奴隷として連れてこられた黒人などが差別されたのは言うまでもないが、白人の間にも出身国によって差別があった。WASP《ワスプ》と呼ばれる、アングロサクソン、プロテスタントが最も地位が高く、スコットランド、アイルランド、イタリア、ポーランドなど、カトリックの移民は差別された。それくらい、アメリカ文化を少し研究すればすぐ分かることなのだが、たとえばプッチーニのオペラ『蝶々夫人』が、イタリア人らによるアメリカ人批判でもあることは、存外理解されていない。これは米国の小説を劇化したものをさらにオペラ化したものだが、その際、台本作者（リブレッティスト）らには、アメリカ人ピンカートンを悪人として描くという意識があったことは、プッチーニの楽譜の出版者の手紙に「ピンカートンはアメリカの卑劣な灌腸剤です」という罵言《ばげん》があるのでも分かる（モスコ・カーナ『プッチーニ』）。しかし、日本の研究者は、日本対西洋、オリエンタリズムといった枠組《わくぐみ》でばかり、このオペラをとらえる傾向が強い。

ところで、輸入品説論者に限らず、二十世紀の「恋愛」論者は、どういうわけか「片思い」を恋愛に含めない傾向が強かった。だからおかしなことになったのだが、平安朝物語とその末裔《まつえい》には、男が女に恋をして苦しみ、中には「恋のためし」つまりそれまでの恋の例を並べて、恋に応《こた》えなかった女が地獄に落ちて苦しんだといった話をして口説き（脅して）最後は意に従わせる、というのが一つの型になり、マンネリズムに陥る。

それにしても、とりあえず平安朝から近世初期までの文藝において、「恋する男」は、美化と共感の対象だった。そして近世後期の文藝では、一人の男と二人の女の三角関係というのが、しばしば、片方を正妻に、片方を妾にするという方法で解決された。為永春水《ためながしゅんすい》の人情本『春色梅児與美《しゅんしょくうめごよみ》』がまさにそうである。この『梅暦』シリーズの主人公・唐琴屋丹次郎《からことやたんじろう》は、以後明治期まで、色男の代名詞となった。

女人蔑視の思想と崇拝の思想

だが、近世中期以降は、色男が英雄になるというのが、日本文学史の趨勢《すうせい》である。歌舞伎では助六や早野勘平《はやのかんぺい》や丹次郎のようなのが英雄になって、女に片思いして苦しむ男などというのは、歌舞伎や浄瑠璃ではだいたい三枚目か、時には高師直のように悪役を振られることになる。

逆に、近世文藝では、恋する女はヒロインになることができる。八百屋お七も、「野崎村《のざきむら》」のお光《みつ》も、『南総里見八犬伝』の濱路《はまじ》もそうである。

これは儒教的な女性蔑視から来るもので、古代ギリシアと同じように、女を低く見ているから、そんなものに恋するのは男としての誇りを知らないものだ、という考え方によるのである。その証拠は明治文学の中にたくさんあって、夏目漱石の作品には、自分に惚れてもいない女に惚れるなどというのは男の恥だといった文言《もんごん》が何度か出てくる。これは私の『夏目漱石を江戸から読む』（中公新書）に詳しい。坪内逍遙の『当世書生気質《とうせいしょせいかたぎ》』には、女にラブするなんぞ男の恥で、男色のほうがまだいいという、それこそソクラテス―プラトンばりの思想も出てくる。

谷崎は、そのことをよく承知していて、日本近世の伝統に逆らい、昭和に入ってから、平安朝―中世文藝に倣って、女人崇拝の物語を書くようになる。若いころ西洋崇拝だったとされる谷崎は、中世以前の日本のほうが、近世日本より西洋に近いことに気づいていたのではないか。

東洋史学者の内藤湖南《こなん》（一八六六―一九三四）は『日本文化史研究』（講談社学術文庫など）で、応仁の乱の前の日本はまったく別の文化のようであり、現在の日本を知るにはそれ以後を知れば十分だと書いた。また阿部次郎（一八八三―一九五九）は、『徳川時代の藝術と社会』（一九三一、のち角川選書）で徳川時代の遊廓について、その「文化的生産力」を認めつつ、女奴隷が女王でもあるという倒錯した世界だと論じたが、そこで、「享保の分水嶺《ぶんすいれい》」という言葉を使い、享保（一七一六―三六）を境として、日本の文化に大きな変化が生じる、と説いた。また江藤淳（一九三二―九九）は『近代以前』（文藝春秋、一九八五）で、近世初期つまり関ヶ原の戦いからあと六十年ほど、日本文学史はほぼ空白に近い状態になり、ここで何か大きな変化があったのではないかと書いている。

恋愛思想史的に見た場合、私は江藤の言に最も首肯《しゆこう》できるものを感じる。恋する男への共感から、色男の英雄視へという変化は、十七世紀半ばに起こっているからだ。なお江藤のこの本は、なぜか文庫などになっていない。

これに対して西洋では、吟遊詩人の貴婦人崇拝の歌以後、ルネッサンス期に、ダンテが『新生』（ヴィタ・ヌオーヴァ）で、ベアトリーチェへの精神的愛、崇拝を語り、ペトラルカは『カンツォニエーレ』でラウラを賛美し、といった具合に、女性礼賛の伝統があった。しかしこれも西洋文学史の片面に過ぎず、そもそもダンテ自身は別の女と結婚しており、ベアトリーチェは嫁《とつ》いで既に死んでいたし、ペトラルカは別の書簡では女を呪っているし、その一方で、『デカメロン』『カンタベリー物語』などでは、妻に姦通される男をしばしば描くなど、女性蔑視の伝統もあり、チョーサーとシェイクスピアは、恋愛が女によって裏切られる『トロイラスとクレシダ』を書いている。

近代は恋愛結婚至上主義

また「精神的な恋愛」というが、これは要するに姦通などはもってのほかだが、正式に結婚するまではセックスをしないということである。巌本善治は森鷗外の『舞姫』を読んで、正式な結婚もせずに女を妊娠させたといって激怒している。

佐伯順子などはかつて近代の恋愛思想について「『恋愛』が人間を不自由にした」などと言っていたのだが、これは二重、三重の勘違いに基づいていて、近世であっても、武家、豪農、豪商などのお嬢さんの貞操はやはり厳しく守られていたのであって、近代とは関係ないし、かつまた、避妊法が発達していない時代に、そんなに簡単にセックスしていたら、妊娠とか性病の問題が出来《しゅったい》するし、下手をすれば妊娠させられたまま男に逃げられることだってある。上野千鶴子や佐伯は、単に自分らが厳しい性規範に苦しめられたといったことを、近代のせいにしていただけなのであり、前近代が性のユートピアだったかのように一時期言っていたのは、ずいぶんな勘違いなのである。

ひところは、恋愛と性交と結婚の三位一体などと言われたもので、詳しい説明は森永卓郎の『〈非婚〉のすすめ』(講談社現代新書、一九九七)に書いてある。つまり、結婚しなければ性交してはいけない、恋愛しなければ結婚してはいけない、恋愛しなければ性交してはいけないということで、第一のものは、日本でも一九八七年に『ノルウェイの森』がベストセラーになった頃から崩れ始めた。ところが、今なお根強く残っているのが、第二の「恋愛は結婚の必要条件」というもので、実は「近代恋愛」の中核にあるのは、この恋愛結婚至上主義なのである。

だが、これは輸入されたというより、十九世紀末から二十世紀にかけて、日本を含む先進諸国で次第に広まっていったもので、日本では大正時代に、与謝野晶子が、恋愛のない結婚は不貞であるとすさまじい勢いで宣言し、続いて京都帝大助教授だった英文学者・厨川白村《くりやがわはくそん》（一八八〇—一九二三）が「近代の恋愛観」を朝日新聞に連載し、単行本がベストセラーになった。この著作の影響は大きく、漢語に翻訳されてシナで大いに読まれ、近代恋愛思想を広めることになった（張競『近代中国と「恋愛」の発見』岩波書店）。

ところが、晶子も白村も、それどころか当時の知識人、のみならず二十世紀末に至るまでほとんどの人が気づかなかったのは、この思想の下では、もてない男女が苦しむことになる、誰にでも恋愛ができるわけではない、という事実である。

僅かに女性史家の高群逸枝が、昭和初年に「世の醜女《しこめ》醜男《しこお》に与ふ——美醜闘争論」を書いて、恋愛の勝利者は美男美女である、と書いた例があるが、これは正論だったにもかかわらず世人から顰蹙《ひんしゅく》を買って、当時は顧みられなかった。もっともその当時、中産階級における「恋愛結婚」自体がまだ一般化していなかったせいもあろう（高群の論は『恋愛論アンソロジー』に入っている）。

なお佐伯順子は、遊女神聖論と恋愛輸入品説の双方で私に批判されているが、二〇〇〇年の『恋愛の起源』（日本経済新聞社）では遊女神聖論を修正し、二〇〇八年の『「愛」と「性」の文化史』（角川選書）は過去に書いたものを集めているが、私から批判されそうなところはだいたい訂正してある。「読売新聞」二〇〇九年四月十八日夕刊の、西鶴『好色一代男』の記事では、世之介について「遊郭文化や江戸期の人間関係を知る資料として面白いけど、こんな男性はいいと思えない」とコメントしており、十年かかってようやくまともなところへ辿《たど》り着いたかと、執拗に批判してきた者として感慨を覚える。

ところで「色道」的なものというのは、では明治以後どうなったかといえば、次第に後ろ暗いものとされつつも、脈々と生きているというのが実情で、遊廓そのものは、さびれつつも昭和三十三年（一九五八）の売春防止法施行まで残ったし、それから十年ほどをへて、トルコ風呂、現在のソープランドとして蘇り、ほかにもヘルスやイメクラなどの新型の「風俗」が栄えている。私は、売春というのは、なくそうとしてもなくせない必要悪なのだと考えるに至った。

あるいは一夫多妻的生活にしても、明治期には依然として妾を持つ男、藝者を愛人にする男というのはいて、それは昭和期まで続いたし、今でも妻以外に愛人を持っている男などというのは、カネと力のある男の世界では普通であって、要するにこれまた変わらないし、それが日本独特かといえば、フランス人などは、棚沢によれば、せいぜい三十年程度しか、結婚の神聖などという思想はもたなかったというし、アメリカ人は愛人を持つ代わりに離婚率の高い社会になり、日本もそうなりつつある。

二葉亭四迷の『浮雲』が、日本の近代文学のさきがけとされるのは、それが、十七世紀の断絶以降、初めて「恋する男の苦悩」を描いたからである、と私は考えている。佐伯の『「色」と「愛」の比較文化史』が『浮雲』を論じているところは、女中から正妻へ成り上がった、お勢《せい》の母お政《まさ》を、旧時代を代表する者として論じており、これはいただけない。かつて日本近代文学の関良一《りょういち》は、お勢の父孫兵衛を「旧善」としてとらえ、徳川時代の厳しい性道徳を代表する人物なのに、それがほとんど登場しないことを『浮雲』の特徴とする「四辺形説」を唱え、ほぼ定説になっていたのに、佐伯はそれを無視しているからである。

さてしかし、いわゆる私たちが、一般的な「やや古い」恋愛思想として知っているもの、つまり、恋愛をして結婚すべきだけれど、結婚まではセックスはしてはならない、という思想は、戦後になって、中産階級にまで広まり、昭和三十年前後から一九八〇年代まで支配的だったものなのだ。これは一九四〇年代体制と社会学者が呼ぶ家族中心の価値観と、戦後、敗戦によって性道徳が乱れたのを正すべく、政府が主導しておこなった「純潔教育」の成果であり、だから、一九三〇―六〇年頃までの生まれの人々というのは、日本の歴史の中でも、最も厳しい性道徳を持った人々なのである。上野や佐伯、田中優子といった人たちは、まさにここにすっぽり収まる。

そういう思想を広めるのに大きな役割を果たしたのが、石坂洋次郎の『青い山脈』にはじまる小説と、ラジオドラマ、テレビドラマ、映画、歌謡曲だったのであり、そのことは『恋愛の昭和史』(文春文庫)に詳しく書いた。

複雑な変遷をたどる恋愛思想史

だから、日本の恋愛思想史というものがあるとしたら、それは、古代から中世においては、貴族など上層階級のもので、近世以降、次第に町人へ広まり、明治以後はさらに庶民へ、そして戦後は中産階級からさらに下にまで「国民的」に広まったものだが、要するに平安朝までは、男女ともに恋に対して寛大な公家文化、中世以後は恋を軽視しがちな武家文化が現れて混在し、十七世紀の断絶以後は、漢文・儒教的な武家文化と、女性蔑視的で遊戯的な町人的な恋愛観、明治以後は西洋の影響もあって変わったが、底流には近世的なものが残っていると言うべきで、「輸入品説」より複雑な過程を考えるべきなのである。

これは私の主たる研究主題だが、同時に、比較文化を学問としてやる際のケース・スタディでもある。実際にはこれくらい、歴史的・階層的に入り組んでいるものを「日本人はかくかくである」とやるのが日本文化論なのだから、雑駁《ざっぱく》なものとなるのは当然だろう。

　さて、その成果の上に私は『もてない男—恋愛論を超えて』を一九九九年に出したのであり、これは十万部売れ、それから十年、日本ではすっかり「非モテ論」というのが定着し、「もてない」「恋愛ができない」という男女が数多くいることを無視しては、恋愛を論じることはできなくなった。海老坂武《えびさかたけし》（一九三四— ）のように、これを無視して、フランス流の、結婚しないで恋愛をして暮らすなどという理想を掲げた人々は退場しつつあり、山口文憲《ふみのり》（一九四七— ）などは、私の論に触れつつ何とか抵抗しようとしながら、自由恋愛主義というのが「強者の思想」であることを渋々認めつつある（『団塊《だんかい》ひとりぼっち』文春新書、二〇〇六）。赤川学、山田昌弘といった社会学者は、当初から私の言うことをよく理解し自論を展開しており、今や山田の言う「婚活」の時代である。

　では西洋ではどうなのか。西洋に「もてない」問題は存在しないのか、それともまだ西洋人は気づかずにいるのか、といえば、これは岡田斗司夫《としお》が指摘していたように、西洋人の「恋愛」というのは、日本人が考えているよりもっと垣根の低い、「妥協《だきょう》してカップルになる」というもので、日本人はあまりに高級な恋愛をしようとしているのだ。レスリー・フィードラーは、ルソーの掲げた近代的な恋愛の理想を、アメリカ人とロシヤ人は、ヨーロッパの辺境だったためにあまりにまじめに受け取ってしまった、と書いたが、この様子では、さらなる辺境である日本人は、まだまじめに受け取り過ぎていると言えるかもしれない。

　ところでヨコタ村上孝之（一九五九－　）は、『色男の研究』（角川選書、二〇〇七）で、前近代的な「色男」のほうが、近代の「恋愛」よりもいい、と言っている。この本は全体に恣意的で、学問的には杜撰なものだが、肝心の一夫多妻的（ポリガミー）の問題を取り上げていないから、論外の本である。それに、色男がいいなら、海老坂や上野や山口のように独身主義でいればいいのに、ヨコタ村上は三回も結婚して子供まで作っているのだ。要するに当人はいいとこ取りをしているわけで、こうなると上野や海老坂のほうがまだ誠実に思える。

第五章「日本人は裸体に鈍感」論との闘い

——『逝きし世の面影』批判

「日本人は裸体を気にしない」説の出現

私は、存命の人の説を批判したい時は、とりあえず本人に連絡をする。佐伯順子にも、ヨコタ村上にも、田中優子にも、直接会って、あなたの説はおかしい、と言ったが、結果は、交流の途絶であった。デビッド・ノッターにも、公開質問状を出して、本人宛にも送ったが、二年以上たっても何の連絡もないから、無視であろう。言うまでもなく、私はこういう人は軽蔑する。あるいは、相手を批判した著書を送ることもあって、四方田犬彦《よもたいぬひこ》にも『江戸幻想批判 改定新版』を送ったが梨《なし》の礫《つぶて》である。

ただ、『芸者論』を出した岩下尚史には、何も言わなかった。これは、私がさんざん批判してきたことを、装いを新たにして出したもので、平岩弓枝《ひらいわゆみえ》が推薦文を書き、田中優子が賞賛の書評を書いたから、もうこれははなから敵だと思ったからである。

しかし、渡辺京二《きょうじ》（一九三〇― ）の『逝きし世の面影』を批判した論文の抜き刷りを渡辺に送った時は、まさか無視されるとは思わなかった。というのは、かつて私は渡辺の『北一輝』（朝日選書）を読んで感動したことがあり、誠実な人だと思っていたからだ。しかし、『北一輝』が書かれたのは一九七八年で、渡辺は四十八歳、私が批判をした当時は既に七十歳を過ぎており、人は老いると、批判に柔軟に対応することも、誠実さも失うものらしい。五十を過ぎると、人間は悪辣《あくらつ》になってゆく、と聞いたこともある。

『逝きし世の面影』は、一九九八年に、九州の葦書房から出た大著である。当時私は新聞で書評のようなことをしていたのに、なぜかこの本のことは視野に入ってこなかったが、当時好評を得て、これまた和辻哲郎文化賞を受賞したが、葦書房がその後内紛で事実上廃業したので絶版になっていた。

それを私が発見して、読んで驚き、この本への批判を含んだ論文を書いて活字にした頃、平凡社ライブラリーで復刊し、解説を平川祐弘先生が書いていたが、なるほど平川先生が感心しそうな本だと思った。その論文は「『オリエンタリズム』概念の功過」という題で『比較文學研究』に載せ、抜き刷りを渡辺に送った。論文はその直後『なぜ悪人を殺してはいけないのか』（新曜社、二〇〇六）に入れたのだが、これは論文集で、この表題からでは、中に何が入っているか気づかない人が多いようなので、ここで改めて展開することにする。

渡辺は九州を根拠地とする在野の研究者で、河合塾の講師をしていた。『北一輝』は毎日出版文化賞を受賞した名著である。北一輝は、二・二六事件の首謀者として死刑になった思想家だが、先に述べたとおり、若いころの『国体論及び純正社会主義』では、天皇の万世一系論を否定しており、右翼とも左翼ともつかない人物である。

渡辺はそれを明らかに左翼的に論じていた。『逝きし世の面影』は、しかし、渡辺の「転向」とも思える著書で、「日本近代素描」の第一とされており、幕末から明治初期に日本を訪れた西洋人たちの手記を博捜《はくそう》して、当時の日本の庶民の姿を描き出そうとしたものだが、それがまことに、ラフカディオ・ハーンを礼賛する平川先生とよく似た、「古き日本」、特に近世の美化になっているのだ。そして当時、西部邁《すすむ》（一九三九—　）はこの著を評して、読みながら涙がこぼれそうになった、と書いている。近代化によって毒される前の、素朴で平穏な日々を静かに楽しむ日本の庶民……これは、江戸幻想の一つである。この著が刊行された時、私の『江戸幻想批判』はまだ出ていなかったから、渡辺がその陥穽《かんせい》に落ちたことは責められない、と思ったが、論文を無視されたことで、十分責められるに値すると思った。渡辺の、一九八六年刊の講演集『なぜいま人類史か』（葦書房）を見ると、既に八〇年ころから、徳川時代見直しの情熱に憑《つ》かれていたようだ。

もちろん、それが正確であればよろしい。だが渡辺の記述には、重大な間違いがある。日本人は裸体を気にしない、というものである。

　それ以前に、渡辺の方法がおかしい。渡辺はまず、ハーンやイザベラ・バードを始めとする、幕末・明治初期に日本を訪れた西洋人の記録が、最近は「オリエンタリズム」であって信用できないとされていることに異議を唱える。なるほど、西洋人が書いたことだから東洋幻想に彩《いろど》られているに違いない、といえば、それはおかしい。しかし、そこで行《おこな》うべきことは、日本側の史料などと突き合わせて史料批判をすることだ。ところが、渡辺はそういう作業をせずにいきなり、西洋人の書いたことを信用してみよう、などと言い出すのである。

　もちろん、こんな方法は歴史学では認められないし、だいたい私が批判してきた日本文化論の類は、正統的なアカデミズムではほとんどが異端であって、ただ網野善彦が、元は堅牢な実証的学者だったのに、聖なる遊女論にはまってしまった例があるくらいだ。

　近世の日本人は裸体を気にしないという俗説は、昔からあった。それなら、明治期になって裸体画論争が起きたのはなぜか。私はこれについて、いろいろ研究書を読んでみて驚いたのは、「裸体」というものが、きちんと定義せずに使われていることで、これは裸体画論の中でも優れた部類に属する勅使河原純《てしがわらじゅん》の『裸体画の黎明《れいめい》』（日本経済新聞社、一九八六）ですらそうだった。

　男の上半身の裸、などというものは、当然ながら相撲やプロレスで不断から見られるし、そんな風体《ふうてい》で路上を歩いている男などというのは、昭和三十年代には普通にいた。しかし、下半身まで裸となったらまるで別である。あるいは、女が胸をはだけて赤ん坊に授乳する、ということを、縁側《えんがわ》などでやっているというのも、その昔は珍しい光景ではなかったが、男のそれとはまた違ってくる。そういう区別が、きちんとなされていないのだ。

その一方、古代ギリシア人は半裸で生活していたとして、裸体を嫌悪するユダヤ人から蔑視されており、そのユダヤ人が作ったキリスト教が、裸体を忌避するようになったという説もある。ギリシアの古瓶《こへい》を見ると、半裸どころか、ペニスをむき出しにした男たちがオリンピック競技をやっているが、それは本当のことだったのかどうか。

それに、フランスや米国、北欧には、ヌーディスト・ビーチとか、ヌーディストの集まりというものがあるが、日本にはない。もし近世の日本人がそれほど裸体を気にしなかったなら、なぜ今はそれが逆転しているのか。

これについては、ハンス・ペーター・デュル（一九四三—　）の『裸体とはじらいの文化史』（邦訳、法政大学出版局）という大著が一九九〇年に翻訳されているのだが、そこにははっきりと、近世の日本人が裸体を恥じなかった、などというのは神話（ウソ）だと書いてある。渡辺はこの本を参照していないが、やはり同じ主旨の裸体論を発表していたヨコタ村上孝之は、私の批判に対して、デュルは日本に来たことがないなどと、反論にもならない反論をしている。

現代の学者が日本へ来ると、幕末のことが分かるのだろうか。ツアー旅行で英国へ行った一般庶民のほうが、行ったことはないけれど英国について研究している学者ほどの見識がないのは自明のことである。

では、実際はどういうことなのか。先にあげたチェンバレンは『日本事物誌』に、日本人は外で行水《ぎょうずい》をする、と書いており、ヨコタ村上は路上のことだと思ったらしいが、これは庭のことである。

日本の風俗の誤解

あと問題は、日本の湯屋《ゆや》、つまり銭湯が混浴だということで、実に当時、多くの西洋人がこのことに驚き、日本人は未開民族の素朴な心を持っているから、裸体を気にしないし、女の裸を見ても欲情を感じないのだなどと言っている。これは典型的な「ノーブル・サヴェッジ」の理論で、要するに日本人は、リンゴを食べる前のアダムとイヴのようなものだ、というわけである。

寛政《かんせい》の改革の際、老中松平定信は、湯屋の混浴を禁じたが、結局もとに戻って、はっきりと男女別浴になるのは明治期のことである。落語「湯屋番《ゆやばん》」は、女湯を覗《のぞ》きたがる若旦那が出てくるが、これは明治の話である。

しかし、裸体を気にしなかったなどということはとうてい信じられない。そこで、近世風俗研究家の渡辺信一郎（一九三四―二〇〇四）の『江戸の女たちの湯浴《ゆあ》み』（新潮選書、一九九六）を見ると、川柳《せんりゅう》を資料として、男たちがいかに、混浴の銭湯で女の裸に欲情していたかが詳しく描かれている。だから、西洋人や渡辺京二の解釈は、これでもうおじゃんなのである。

だがさらに考えるなら、近世の湯屋はほとんど採光がないから、相当薄暗かったはずで、現代のように電気のあかりがついている中での混浴などを想像するのは間違いだし、川柳に描かれたものも、実態というより虚構が勝っているのではないかとすら思える。それに、実際銭湯の女湯を覗《のぞ》いたって、そこにはまさか、アングルが描いたような、若くてきれいな女の裸体が見られるわけではなくて、四十代以上の、とうてい美しかったり欲情を催させたりしない女の裸体のほうが多いのは当然である。川柳にも、娘が年ごろになったから居風呂《すえふろ》を作る、というのがあって、若い娘はあまり混浴の湯屋など行かなかったのではないか。

さらに、たまたま私は書評を頼まれて読んでいたのだが、ジャン＝クロード・コフマンの『女の身体、男の視線――浜辺とトップレスの社会学』（邦訳、新評論、二〇〇〇）という本によると、ヌーディスト・ビーチでも、それ相応のふるまいのコードというものがあって、裸の女はあまり全身をあらわにするようなことはなく、男もまた、それをじろじろ眺めるようなことはない、と詳細に論じられている。

さらに、渡辺京二は無邪気な愛国者ぶりを発揮して、西洋人が日本人を褒めるともみ手して喜び、批判されると、キリスト教的な偏見だといって怒るのだが、実は日本人の風俗については、朝鮮通信使も批判しており、十八世紀の申維翰《しんいかん》『海游録《かいゆうろく》　朝鮮通信使の日本紀行』（邦訳、平凡社・東洋文庫、一九七四）にも、日本人の裸体風俗に対するそれが載っている。申があまりに日本人を未開民族のように言うものだから、対馬《つしま》藩の仲介役・雨森芳洲《あめのもりほうしゅう》との関係が悪化するほどだったという。

これは先の古田博司の本に書いてあるのだが、日本は、朝鮮やヴェトナムに比べると、本格的に儒教を受容したとは言えず、たとえば両親の服喪《ふくも》三年といった「礼」を守っていない。そして日本人が肌を平気で見せる点は、儒教道徳からも批判されており、キリスト教的偏見というのは当たらないわけだ。

裸体と日本人

日本では明治四年（一八七一）に、下半身の露出を禁止する法律が出ており、それを見ればある程度は、裸体に関して寛容だったのは事実だが、男が女の裸を見ても何も感じないなどということはない。裸体というのは、シチュエーションによってさまざまな意味を持ち、授乳の場合は授乳であるということでエロティックな意味がかなり殺《そ》がれるのである。

だいいち、銭湯というようなものは西洋にはない。だがその一方で、ヴェルサイユ宮殿にトイレがなかったというのは有名な話で、むしろ西洋では、十九世紀に入ってから六十年ほどの間に、急速に「近代化」を進めたに過ぎないとも言えるし、西洋諸国が、南欧を除けば亜寒帯に近いのに対して日本は亜熱帯であり、湿度が高いから、入浴の習慣や、夏場に半裸で歩き回る習慣があったと考えればよいだけのことだ。

しかも、英国ヴィクトリア朝といえば、厳格な性道徳で知られているが、その裏面《りめん》が実際にはそうとう乱れていたことは『もう一つのヴィクトリア時代』（スティーヴン・マーカス、中公文庫）などで、今ではよく知られている。

ここで重要なのは、私は何も外国語の本とか、一般人には読めない古文書を用いているのではなく、現代日本語が読めれば十分『逝きし世の面影』をトンデモ本認定できるということで、そんなものが名著扱いされている現状は情けない。

裸体だけではなく、売春や娼婦を扱った部分でも、渡辺は「江戸幻想」を全開にして、日本では娼婦になるのはちっとも恥にならないとか、売春は生命の蘇りだとか途方もないことを言っている。これはもう十年来批判してきたから、繰り返さない。

性に関する意識の比較文化は難しいのである。たとえば十年ほど前に、日本人は電車の中でヌード写真を平気で見ていると、西洋人から批判されたとかいって、「週刊ポスト」や「週刊現代」は、ヌードグラビアをやめてしまったが、西洋ではポルノグラフィーが全面解禁されており、それらは男女がセックスしている場面や性器そのものを写したもので、ポルノショップへ行かなければ入手できないが、合法である。日本の週刊誌に載っていたり、女優のヌード写真集として出たりしているものは、西洋でいえば藝術的なものであり、そこのところがきちんと整理されずに論じられているのだ。

「江戸ブーム」というものは、おおよそ一九八六年に田中優子の『江戸の想像力』が出てからのもので、田中の師匠である廣末保《ひろすえたもつ》(一九一九―九三)などは、このブームを批判的に見ていた。もともと田中が学んだ廣末、松田修(一九二七―二〇〇四)は「左翼」だったが、それに対して芳賀徹、大石慎三郎(一九二三―二〇〇四)などは、貧農史観を見直したり、江戸の「平和」を評価したりといった方向で、一般的には保守派と見られているが、「江戸ブーム」に対して、左翼の側からの批判があまり起きなかったのは、当時の左翼が、シナ、韓国から、改めて過去の戦争責任を問われて、こちらもまた改めて日本の「侵略戦争」批判をしており、近世が「平和」だったという指摘に足を掬《すく》われてしまったからである。

だが、その「平和」がどういうものだったか。いくら「貧農」史観を覆《くつがえ》しても、近世が強固な身分社会であり、下層の者たちは生涯這《は》い上がることができず、もちろん日曜日などというものはなく働きづめで、肉体労働をしない武士が支配する世の中だったことに変わりはない。

セクハラ、強姦は日常茶飯事、ましてや、佐伯や田中が称揚した遊廓などというのは、とりわけ苛酷な生業だったはずだ。

　トーマス・マンは、第一次大戦の際、ドイツの大義を擁護して、フランスのロマン・ロランから批判されて論争しているが、その時、大戦前の世界がそんなに良い世界だったか、この世には多くの悲惨があったではないかと言って、安易な反戦を叫ばないでほしいと言っている（『非政治的人間の考察』邦訳下巻「人間性について」筑摩叢書）。反戦はともかく、平和だったからといって、その平和の裏にある悲惨を見落とすのは間違いなのである。

第六章 天皇制とラフカディオ・ハーン
――日本文化論の背景を探る

文化相対主義の落とし穴

私はこれまで、見れば分かる通り、イデオロギーとは無関係に、学問的に日本文化論とその周辺を論じてきた。左翼的なものも、保守派的なものも、ともに批判の俎上《そじょう》に載せた。

世間には、真実は一つしかないという考え方を否定する人がいる。左翼の論者が主で、事実は相対的であり、日本人がとらえた十五年戦争と、シナ人や朝鮮人がとらえたものとは違う、という言い方をする。だが私は、物理的な事実は一つであり、そうでなくても事実に近づくことはできるし、もしかすると今は分からないかもしれないが、その事実に近づこうとする努力を続けることはできる、と考える。当然のことであって、唯一の真実という考え方を否定する人は、おおよそは何らかの政治的プロパガンダのために、事実を否定しようとしているのだ。

また、文化相対主義というものがある。それぞれの文化は固有の価値を持ち、他の文化の尺度によってはかるべきではないとするものだ。だがこれは往々にして、自国文化の正当化のために用いられる。たとえば先に『傾城買二筋道』を批判したが、これは博士論文として提出した際、教授から、現代の尺度で判断してはいけないと言われたが、私はそれ以前の歴史から判断しても、女性観が頽廃していると考えたので、残した。さて、こうした、歴史的相対主義は、明らかな矛盾を抱えていて、もし近世を現代の尺度で判断してはいけないなら、近代もまた現代の尺度で判断してはいけないはずで、太平洋戦争だって、現代の尺度で判断してはいけないはずだが、多くの学者は平然とそれをやっている。しかもそのような文化相対主義自体が、近代的な思想の中から生まれたものでしかないのである。

人類の発生については、単独発生説と、複数発生説とがあったが、最近の研究で、十万年ほど前に北アフリカで発生したという説が有力になった。それから、全世界に広まったわけだが、ギリシア神話と日本神話に似たところがあったり、シンデレラ型の物語が世界中にあるのは、要するにこれと同じ経路を通って、十万年の間に伝播《でんぱ》したのだということになる。

またノーム・チョムスキー（一九二八―　）が創始した変形生成文法というものは、あらゆる言語は基本的に同じ構造に還元できるとするもので、今では脳科学とも結びついてますます有力な学説となりつつある（酒井邦嘉《くによし》『言語の脳科学』中公新書に詳しい）。私は、文化もこれと同じように、根底に普遍的なものを持っており、ただその表れにおいて様々な変異を持つだけだと考えている。

日本文化論の根本にある天皇制

さてしかし、戦後の「日本文化論」は、実はしばしば、「天皇制」をめぐるものだった。土居の『「甘え」の構造』にも、天皇制と甘えの関係を説いた個所がある。「日本人は甘えを理想化し、甘えの支配する世界を以《もっ》て真に人間的な世界と考えたのであり、それを制度化したものこそ天皇制であったということができる」。まったく根拠のない非科学的な空想である。しかし大久保喬樹などはこういうところを喜んで引用している。

「恋愛輸入品説」では、どういうわけか、前近代の日本が、古代から近世まで、一貫した一つの性質（本質）を持っているとして語られることが多かったが、それは北村透谷や阿部次郎の頃から、実は「万世一系論」に無意識の影響を受けていたのである。大日本帝国憲法が発布されたのは明治二十二年（一八八九）であり、それははっきりと、万世一系の天皇が日本を統治すると謳っていた。そして、それ以前の「恋愛論」が、日本史の中のさまざまな変遷を語っていたのに、憲法発布以降、どうしたわけか、一貫した性質をもったものとして語られることが多くなるのである。それを打破したのが北一輝だが、戦後になって、天皇制批判の書が多く書かれるようになっても、彼らの側でも、日本文化が天皇に呪縛されているかのような、天皇制に何か奥深い力があるような立論《りつろん》をする者が少なくなく、それは要するに万世一系論の裏返しなのである。最近でも、「左翼」のはずの三田村雅子（一九四八―　）が、『記憶の中の源氏物語』（新潮社、二〇〇八）で、そのような論を立てており、むしろ「右翼」から歓迎されている。この本はしかし、トンデモ本である。

日本文化の根底には神道があるとか、多神教であるとかいう論は、みなたいていは、この天皇万世一系論と結びつき、空中楼閣を打ち立てようとしている。福田和也（一九六〇―　）は、評論家としてのデビュー作『遥かなる日本ルネサンス』（のち『近代の拘束、日本の宿命』文春文庫）で、多神教論に疑念を呈している。実際には、日本で支配的だったのは仏教だし、神道とか現人神論とかいうのは、近代になって再構築されたものであり、そのことは山本七平が、未完に終わった『現人神の創作者たち』（一九八三、のちちくま文庫）で追尋《ついじん》し、新田均が『「現人神」「国家神道」という幻想』（ＰＨＰ、二〇〇三）で明らかにしている。

なおついでに言うと、山本は『「空気」の研究』『日本教について』などで、日本文化を批判的に論じている。『日本人とユダヤ人』もそうである。人によっては、「保守派」論客がなぜ日本を批判するのか、と思うかもしれない。あるいは作家の井沢元彦《いざわもとひこ》なども、「言霊《ことだま》」の国という言い方で日本文化を批判しているが、井沢は「右派」論客とみなされてもいる。これは奇妙なことながら、保守論壇誌などを読む中高年層は、日本を悪く言う言論が好きなのである。これは特にイデオロギーにかかわらないが、養老孟司と山崎正和が禁煙ファシズムを批判した対談は「変な国・日本の禁煙原理主義」と題されていた(『文藝春秋』二〇〇七年十月号)。内容はともかく、この表題には首をひねったもので、禁煙運動は世界的、というより西洋、特に米国から発したもので、日本が特に変なわけではない。しかし『文藝春秋』の読者層は、こういう題名が好きらしいのである。

たとえば西部邁なども、一九九〇年代から日本批判をしているが、要するに、それぞれ濃淡《のうたん》の違いはあれ、「保守派」の日本批判は、最終的には、戦後日本批判、つまり過去賛美へ戻ってくる。それなら分かりやすいだろう。もっともそれが「日本文化論」に展開してしまうと、いきおい過去にさかのぼっての日本批判になってしまい、保守派的には具合が悪いのだが、山本や井沢の場合、そちらへ踏み込んでしまった例といえようか。

ところでラフカディオ・ハーンは、大日本帝国憲法発布の翌年に来日して、もろに明治政府の宣伝を真《ま》に受けてしまい、松江を「神々の国の首都」と呼んだり、『日本―解明の試み』という本の表紙に「神国」と漢字で書いたため『神国日本』などと訳されたりしていた。ハーンの描く日本というのは、渡辺京二が描くそれとよく似ている。前近代の日本の庶民は、近代的な立身出世主義や産業社会に毒されておらず素朴だったという庶民賛美だが、これらは、一九九〇年代に出た、いわゆる「歴史修正主義」派による読み物『教科書が教えない歴史』にもよく似ているのだ。しかし渡辺に言いたいのは、その美しさというのがあるとしたら、それは自足している人間の美しさ、よりよい生活があると考えない人間の美しさであって、それを言うなら、女性解放以前の女たちは美しかった、ということにもなるだろう、ということである。

さて、チェンバレンは、晩年のハーンは日本に対する幻想が覚めて悲惨だった、と『日本事物誌』に書いている。同年ということもあり、もとは仲が良かった二人だが、ハーンは五十代で死去しチェンバレンは八十五まで生きた。これはハーンが死んでから書き直されたもので、平川祐弘はこれを『破られた友情―ハーンとチェンバレンの日本理解』（新潮社、一九八七）でとりあげ、ハーンは心で暖かく日本を理解したが、チェンバレンは頭で冷たく理解した、と書いた。しかしこれはとうてい学問的な言とはいえず、それでは要するにハーンは幻想を抱いていたということになるだろう。平川はのちに『ラフカディオ・ハーン』（ミネルヴァ書房、二〇〇四）で、ハーンにも誇張があったと認めたが、その後もチェンバレン攻撃は続けている。チェンバレンの『日本事物誌』は、しかし実は、天皇制への批判が書かれているため、戦前の日本では翻訳が許されなかった。それでもチェンバレンは、その日本の学問への貢献から、東京帝国大学文学部の名誉外国人教師だったのである。

ラフカディオ・ハーンという厄介な人物

一九九四年五月、太田雄三による『ラフカディオ・ハーン—虚像と実像』が岩波新書から刊行された。新書判だから、購入した人は、それがハーンに対する徹底批判の書であることに驚いたかもしれない。そして、新聞や雑誌に、この本の本格的な書評が出た形跡はない。著者太田（一九四三— ）はあまり知られていない人だが、東大比較文学の大学院を出て、『内村鑑三』で博士号をとり、助手を務めた後、カナダのマッギル大学に勤め、当時そこで歴史学の教授をしていた。評伝を得意とするが、新渡戸稲造など、対象とする人物を批判的に記述することが多かった。そしてこのハーン新書は、先輩に当たる平川祐弘の『破られた友情』に対する批判の書でもあったのである。

バジル・ホール・チェンバレン（一八五〇—一九三五）は、『古事記』を英訳するという偉業を成し遂げ、アイヌや琉球語の研究もした人である。その祖父はベイジル・ホールという英国の海軍武官で、著書『朝鮮・琉球航海記』が岩波文庫に入っている。

チェンバレンの主著は、平凡社東洋文庫に、『日本事物誌』があり、明治期日本を知るための重要な史料となっている。ハーン（一八五〇—一九〇四）とは同年であり、チェンバレンは明治六年（一八七三）に来日して、東京帝国大学で外国人教師として上田萬年《かずとし》や佐佐木信綱《のぶつな》、新村出《しんむらいずる》に、西洋の言語学や文献学の手法を教えた。号を王堂《おうどう》といい、離日《りにち》したのは明治四十四年（一九一一）で、八十五歳の長命を保った。昭和二十三年（一九四八）、佐佐木の編纂で出た『王堂チェンバレン先生』には、新村、市河三喜《いちかわさんき》、金田一京助《きんだいちきょうすけ》、小島烏水《うすい》、村岡典嗣《つねつぐ》と錚々《そうそう》たる顔ぶれが寄稿している。

これに対し、ラフカディオ・ハーンの来日は明治二十三年（一八九〇）、大日本帝国憲法発布の翌年と遅く、四十歳になっていた。東京帝国大学で英文学を教えたのは一八九六年から一九〇三年までの七年に過ぎず、その後松江に住んで五十四歳で死去している。チェンバレンはその『日本事物誌』に、ハーン没後、「ラフカディオ・ハーン」の項目を加え、ハーンは日本に対して幻想を抱き、それが遂に幻滅をもたらしたと書いているが、これがハーン没後の改訂によるものであることから、平川はこれを「破られた友情」として論じたのである。しかし、晩年のハーンが、日本への幻滅を語っているのは事実である。

ハーンは英文学を講じたけれど、そもそも大学すら出ていない、ジャーナリスト出身の作家である。のみならず日本学者でもなく、多くの人は誤解しているだろうが、日本語の読み書きはほとんどできなかった。チェンバレンとは日本語力がまったく違うし、その著作はすべて英語で書かれたもので、片言の日本語で、夫人となった小泉節子が、聞いて語ったものを、英語で語りなおしたものである。

ここで、私自身のラフカディオ・ハーン体験を示しておきたい。私は子供の頃、「耳なし芳《ほう》一《いち》」などを読んで、むろん面白いと思ったし、ラフカディオ・ハーンが小泉八雲であることも知っていた。中学校の時は英語の教科書にその「むじな」が載っていたし、高校の時の現代国語の教科書には、井伏鱒二《いぶせますじ》がハーンを描いた「隠岐《おき》別府《べっぷ》村《むら》の守吉《もりきち》」が載っていた。だが、大人としてまともにハーンを読んだのは、大学院に入ってから、新潮文庫の上田和夫訳『小泉八雲集』を読み始めたのが最初で、しかし途中でおもしろくなくてやめた。私が疑問に思ったのは、「耳なし芳一」はどうやらハーンのオリジナルらしいが、それ以外のものは、日本の古典説話などに載っているものをリライトしたものも多く、それなら原典を読んだほうがいいではないか、ということだった。日本人には、村上春樹の作品の英訳をわざわざ読むというような奇妙な人もいて、英語の勉強のつもりなら英文学を読めばいいのだから、おかしな話である。あるいはエッセイでも、「稲むらの火」や「駅頭《えきとう》にて」など、何やら道徳の教科書に載りそうなものが多く、しかも感傷的で、文学的完成度が高いとは思えなかった。私がこれを読んだのは、吉本隆明が読むべき本を挙げている中に入っていたからである（『読書の快楽―ブックガイド・ベスト1000』角川文庫、一九八五、ただし私が見たのは太田省吾の転形劇場が出した冊子『転型』での初出）。

だが、一九八四年に放送された山田太一《たいち》脚本の、ハーンを主役としたドラマ『日本の面影』はすばらしいものだった。ただ、西洋人としては背が低かったハーンを、長身のジョージ・チャキリスが演じていたのが、実像とはかけ離れたものだったのは否めない。しかし、ギリシア人の母とアイルランド人の父との間に生まれ、米国で新聞記者をしてムラトーの女と同棲し、最後に日本に辿《たど》り着くという数奇な人生が面白かったのは事実で、要するにハーンには、作品より実人生のほうが面白いというところがある。ハーンは日本に来る前に書いた小説なども多く、これらもすべて邦訳されているが、もし日本で愛好されるハーンのものでなければ、歴史に埋もれていただろう三流作品である。

今でも広く読まれているのは、もちろん『怪談』だろう。だがそれ以外のエッセイも、戦前の日本人には愛読されたろうということは想像に難くない。日本の庶民の姿を美しく描いているからであり、若き日の志賀直哉《しがなおや》と里見弴《さとみとん》が二人で松江に住んだのは、ハーンを愛読したからであって、その頃英文学者の田部隆次《たなべりゅうじ》（一八七五―一九五七）が、最初のハーンに関する本『小泉八雲』を出して、二人で読んでいる。ただいずれも、後年は特にハーンに触れることはなかった。

その最初の邦訳の作品集は、大正十五年（一九二六）から、長谷川巳之吉《みのきち》の第一書房から刊行され、田部、大谷正信らが訳し、野口米次郎《よねじろう》『小泉八雲』も同じ出版社から刊行された。昭和九年（一九三四）には英文学者・高田力《つとむ》『小泉八雲の横顔』が出ている。十一年（一九三六）にはやはり英文学者・丸山学《まなぶ》（一九〇四―七〇）『小泉八雲新考』が出ており、これは一九九六年に講談社学術文庫に入ったが、丸山は熊本商科大学教授・学長を務めた人で、民俗学にも関心があり、ハーンの熊本時代を中心に、民俗学的側面から論じたものである。なおこの文庫版を木下順二が監修しているが、それは木下が熊本中学で丸山の教え子だったからである。

ハーンの英文は、現在の高校レベルでの英語の教科書にするのに適している。日本のことが描かれているから生徒もなじみやすいし、平易《へいい》で整った英文だからである。英文学者がハーンに関心を持ちがちなのは、そのせいであろう。ところで戦時中のハーンはどうだったかというに、『神国日本』は、戦前において二種類の翻訳があり、今も平凡社東洋文庫からこの題での翻訳が出ている。ハーンは日本を八百万の神々の国と見ており、そこに故郷ギリシアの多神教と似た世界を見出し、キリスト教嫌いからこれにのめり込んだものである。天皇についても、これを崇拝する日本人らにハーンは深い崇敬の念を表明しているから、戦時体制下でも十分通用したのである。だが、ナチス・ドイツのイデオローグで日本研究者だったカール・ハウスホーファー（一八六九―一九四六）は、ハーンは日本民族を平和的なものととらえ過ぎており、戦士としての優秀性を正しくとらえていないと書いている（『日本』邦訳、第一書房、一九四三）が、特に問題にはなるまい。

ハーンのブームは日本文化論の流行と重なる

戦後になると、二十三年（一九四八）に、英文学者・田代三千稔《たしろみちとし》（一八九八―一九八四）の

『愛と孤独と漂泊と―小泉八雲』、二十四年（一九四九）に、経済学者・穂積文雄《ほづみふみお》の『小泉八雲の社会思想』、二十五年（一九五〇）に、息子・小泉一雄（一八九三―一九六五）による『父小泉八雲』が出ており、新潮文庫から古谷綱武《ふるやつなたけ》編、田部らの訳による『小泉八雲集』が出ているが、その後しばらく、ハーンに関する研究書の類は途絶える。

作品のうち怪談ものは読まれ続けたが、その間二十九年（一九五四）、怪奇幻想文学の翻訳で知られる平井呈一《ていいち》（一九〇二―七六）が、みすず書房から作品集の個人全訳の刊行を始めたが、四巻出したところで中絶、三十九年（一九六四）に、恒文社《こうぶんしゃ》から『小泉八雲作品集』全十二巻を刊行し、三年で完結、日本翻訳文化賞を受賞した。そしてこれ以後、恒文社は実に多くのハーン関係の本を出すことになる。恒文社は、ベースボール・マガジン社の創設者である池田恒雄《つねお》が作った出版社で、それまではスポーツ関係の本が多かったが、この後、池田の好みで東欧の文学作品、東欧政治関係の本を多く出していた。三十九年（一九六四）には築島謙三《つきしまけんぞう》の『ラフカディオ・ハーンの日本観　その正しい理解への試み』が出ているが、築島は社会心理学者・東大東洋文化研究所教授で、日本文化論として『菊と刀』などを参照して論じているが、出来のいい本とは言いがたい。

その後また少し間があって、一九七六年には平井の『小泉八雲入門』、七七年には、『わがモラエス伝』でデビューした作家の佃実夫《つくだじつお》（一九二五―七九）が『わが小泉八雲』を河出書房新社から出し、河出は森亮《りょう》（一九一一―九四）らの訳による『小泉八雲作品集』全三巻を刊行と、このあたりから、ハーン関係の書籍が毎年のように出るようになる。

このハーンのブームは、いわゆる「日本文化論」の流行と連動している。七八年には、速川和男（一九二八―　、立正大教授）の『小泉八雲の世界』が出ているが、速川は他の著作はすべて英語関係の英語学者だが、古くからハーンも研究し、比較文学会評議員でもある。またハーン研究の第一人者といわれた、英文学者の高木大幹《たいかん》（一九一六―二〇〇三、中部大学教授）が初のハーン論『小泉八雲と日本の心』を、またこの年と翌年、英文学者・西野影四郎（一九二三―　、鳥羽商船高等専門学校教授）が『小泉八雲とヨーロッパ』『炎と光の人・小泉八雲』を出している。

こうして見ると、ハーン論を書く人には、英語・英文学の人だが、中央から外れた人が多い。八〇年には、浜川博の『風狂の詩人小泉八雲』と森亮の『小泉八雲の文学』がともに恒文社から出た上、森を監修として恒文社から『ラフカディオ・ハーン著作集』全十五巻の刊行が始まっている。森亮は、上田敏《びん》、矢野峰人《ほうじん》の系譜をひく古体訳詩人だが、これのほかには詩集が一冊あるだけで、訳詩集『晩国仙果《ばんこくせんか》』で読売文学賞を受賞している。戦後はお茶の水女子大教授だったが、戦前、旧制松江高校教授だったことから、ハーンに親しんだらしい。ハーン著作集の訳者は平川、池田雅之、野中涼《りょう》、森、篠田一士《はじめ》、加藤光也、由良君美《ゆらきみよし》らで、池田と野中は早大教授だが比較文学会員で、由良は平井呈一の弟子である。

平川は東大比較文学出身の東大教授で、もともとはフランス、イタリアの詩をやっていたが、その後日本近代比較文明史に移り、数年前からハーン研究に着手しており、『新潮』にいくつかの論考を載せ、それをまとめて八一年に『小泉八雲 西洋脱出の夢』（新潮社）を出したが、そのあとがきに、マサオ・ミヨシ（一九三二―二〇〇九）に触れた箇所がある。ミヨシは元の名を三好将夫といい、東大英文科大学院を出て米国に渡り、日本文学を研究しており、米国における日本ナショナリズム批判の先鞭《せんべん》をつけ、カリフォルニア大学バークレー校の教授となり、大江健三郎を紹介してノーベル賞受賞の契機を作った人である。一九七九年十二月、平川が属する東大比較文学会の雑誌『比較文學研究』で平川は、二冊の英語の本、リチャード・バウリングの森鷗外論と、ミヨシの Accomplices of Silence（『沈黙の共犯者たち』七四年）の書評をした。これは日本のナショナリズムを批判する文学論集で、三島由紀夫を痛罵していた。

平川は、日本の英文学界で正当に評価されないという憤懣《ふんまん》をミヨシは抱いているとして、日本よりもアメリカを良しとするからこの本は評判がいいのであろうなどと述べた。この文章には、平川がこれ以前に米国ウィルソン・センターで一年間在外研究をした際に受けた、敗戦国民としての屈辱の傷跡が浮かび出ている。すると翌八〇年九月の同誌にミヨシは英文での反駁《はんばく》を載せ、平川は自分が書いてもいない文章を捏造《ねつぞう》し、人格攻撃をしている、と激しい調子で述べた。その上で、七八年に平川がシカゴ大学で行ったラフカディオ・ハーンについての研究は、論理に飛躍があり証拠が乏《とぼ》しいと書いた。

ところで平川は「学習院大学助手をやめてアメリカへ移ったミヨシ氏は明らかに天皇嫌いであろう」と書いている。それで平川は『小泉八雲』のあとがきで、日本的価値観を貶《おとし》め、アメリカ的価値観を身につけたミヨシにとっては、その逆を行ったハーンが奇妙に見えるのだろうと書いたのだが、一般の読者は平川とミヨシのこういう因縁を知らないから、唐突に見える。平川は、天皇崇拝家として知られる。

愛国心と天皇崇拝と日本文化

平川のハーン論はその後も続くが、次第に平川は、その強固な愛国心と天皇崇拝をあらわにするようになり、ミヨシは平川のそうした政治的偏向《へんこう》を含めて批判したものだろうし、論理の飛躍については、具体的に示されていないから分からない。だが平川には、日本を愛し、日本人女性と結婚したハーンを礼賛する一方で、ミヨシや森有正《ありまさ》のように、西洋文化に憧れてそちらに住み着いてしまったような人をバカにするところがあって、明らかに日本至上主義的な意識を持っていることは、東大比較内部ではそれから十年もたった頃には明白なことであった。

比較文学というのは、もともとは複数の国の間での文学の影響関係を実証的に調べるものだったが、その後、直接関係のない作品同士を比較する「対比研究」というのも現れ、東大比較文学では、夏目漱石の西洋体験のようなものも研究対象となっており、ハーンを対象としたのはその流れに位置づけられる。

一九八二年にはアメリカ文学者の石一郎《いし》（一九一一―二〇〇七）が、『小説小泉八雲』を、八四年には、エリザベス・スティーヴンソンの『評伝ラフカディオ・ハーン』（原著・一九六一）を、平川門下の遠田勝《とおだまさる》が訳して恒文社から出している。遠田は神戸大学教授で、単著はないが、『諸君！』に神道論や天皇論を載せている「右翼」である。訳者あとがきで遠田は、ハーンの全生涯にわたる伝記として賞賛しつつ、日本時代のハーンについての理解が浅い、と不満も表明している。しかし、そこで遠田が礼賛するハーンの作品は、やはり保守的な、日本美化的なものであると思う。そして平川の『破られた友情』が八七年に出たが、これはまとまりのいい本ではなく、表題作のほか、雨森信成《あめもりのぶなり》という、ハーンの「ある保守主義者」のモデルを論じたものと、芥川龍之介の「舞踏会」とピエール・ロティの関係を論じたものが入っている。

ただこの本は、当時マスコミで奇妙に評判が良かった。しかし平川は、チェンバレンは頭で冷たく日本を理解し、ハーンは心で暖かく日本を理解した、としており、ずいぶん非科学的で情緒的な文言だと言わざるをえない。ハーン関係の文献にはしばしば「日本人の心」式の、実際には日本人といっても多様なのに、それを一くくりにするような、非学問的な言が多い。平川は学問的厳密さを重要視する学者なのだが、いったんことがらがハーンや天皇に関わってくると、それをかなぐり捨ててしまう。

この頃からしばらく流行したのが、「保守」論壇における、日本が多神教の国だという議論である。そして、キリスト教の西洋は一神教だから野蛮で乱暴なのであり、多神教の国は平和を好むとされ、その多神教の頂点にあるのが天皇であるとされた。もっとも、それならなぜ天皇を中心として戦争が起きたのか、おかしいので、そこはみな適宜《てきぎ》ごまかしている。

ハーンの来日が大日本帝国憲法発布の翌年だというのは示唆的《しさてき》であり、ハーンは、古き良き日本が近代化によって失われていくさまを嘆いたと言われているが、日本を多神教の国だとしたところは、廃仏毀釈《はいぶつきしやく》を行うような明治政府とその御用学者の宣伝を真に受けた部分が多分にある。徳川時代の日本は明らかに仏教国であり、八百万の神々とか、神道とかが言われたのは、国学者に始まり、幕末勤皇の志士たちをへて、近代天皇制イデオロギーの創設とともに始まったものであって、ハーンはそれを日本古来のものと勘違いしていた節がある。というより、平川とその弟子たちのハーン論は、そこを追究し腑分《ふわ》けしようとせず、彼ら自らが、日本が神々の国であると信じているようなところがあって、実際にはハーン論争は、政治的論争だったのである。

太田雄三は、一九九〇年に『B・H・チェンバレン―日欧間の往復運動に生きた世界人』（リブロポート）を上梓し、平川に反論して、チェンバレンも日本を愛していたとした。もっともそれでは平川の土俵に乗ってしまっていて、愛していたかいなかったかなど、痴話喧嘩《ちわげんか》のようである。学問的に言うならば、どちらが正確に日本を把握していたかを問うべきだろうし、第一ハーンは日本学者ではないのである。しかし、平川がチェンバレンを憎むのは、ただハーンを悪く書いたからというだけではない。チェンバレンは、日本人は宗教心というものを持たない、と書いたら、ハーンがこれに憤激した、と書き、しかし日本人に会って、あなたの宗教は何ですかと訊くと、たいていの人が困った顔をする、と述べている（『日本事物誌』「宗教」の項）。だが、これは現代でもしばしば日本人の間で言われることで、平然とクリスマスに興《きょう》じ、元日は神社に参拝し、死ねば仏式で葬儀をするのだから、間違ってはいないだろう。「神道」の項目には、こうある。

神道はしばしば宗教として言及されているが、今日その公式代弁者を勤め、それを愛国的制度として維持しようと欲している人びとの意見においてすらも、その名〔宗教〕に価する資格がほとんどない。神道には、まとまった教義もなければ、神聖なる本〔聖書・経典の類〕も、道徳規約《モーラル・コード》もない。（高梨健吉訳）

ちょうど八九年に、かつて東大比較文学の主任教授だったアメリカ文学者・文藝評論家の佐伯彰一（一九二二―　）が、『神道のこころ』（日本教文社、のち中公文庫）を刊行し、まさにそのような、聖典もなく教義もないところが神道のすばらしさだと述べていたが、『比較文學研究』五七号で、この本の出版記念会の模様を大貫徹がレポートしており、小堀桂一郎（一九三三―　）が、「こういう本が出たことを右翼と呼ばれる人たちは喜んでいる」（大意）と述べたことが伝えられている。戦後、神道といえば戦時中の天皇を中心とした国家神道を想起させるため敬遠されてきたが、この頃から、こうした形での復権が進んできたのは、中沢新一（一九五〇―　）などの影響もあるだろう。

その後二〇〇一年には、東大倫理学教授・菅野覚明の『神道の逆襲』（講談社現代新書）がサントリー学藝賞を受賞している。しかし菅野が、ゴッドを神と訳したのが間違いだと書いているのは間違いで、西洋でも多神教の神もゴッドなのである。神道は平和な宗教だと彼らは言うのだが、それはたいていの場合は、天皇崇拝と結びついている。小堀や谷沢永一のように、自分は天皇崇拝家であり、天皇を崇拝しない者とは手を切るとまで言えばまだいいのだが、平川の場合、天皇崇拝と強烈な愛国主義を隠そうとするから、常に論争がややこしくなる。

膨大なハーンの研究書

のちに平川は『小泉八雲とカミガミの世界』（文藝春秋、一九八八）を出すし、さらに『オリエンタルな夢―小泉八雲と霊の世界』（筑摩書房、一九九六）には、昭和天皇の追悼文まで入っているのだ。平川と小堀は現在では不仲で、お互いをウルトラ右翼と非難し合っている。

さらにチェンバレンは、「武士道」という項目で、「天皇《ミカド》崇拝および日本崇拝［忠君愛国教］は、その日本の新しき宗教であって、もちろん自発的に発生した現象ではない」とし、近代天皇制が、古い神道を担《かつ》ぎ出して近代的に磨きをかけられたものだ、としている。まったくチェンバレンの言うとおりであって、さすがに明治六年に来日して、天皇教が作り出されるさまを目の当たりにした傑出《けっしゅつ》した日本学者であると思わせる。しかしこのような事実を、頑強に否定するのが、現在でも日本の天皇崇拝家の常であることは言うまでもなく、平川がチェンバレンを気に入らないのは、単にハーンを裏切ったから、だけではないことがよく分かる。

しかし、ハーン派の攻勢は強く、九〇年には松江市の主催で小泉八雲賞が制定され、第一回は比較文学会の会長だった河竹登志夫《としお》、第二回は比較文学会と縁の深いアール・マイナー、第三回は東大比較文学の新しい主任の川本皓嗣《こうじ》の『日本詩歌の伝統』が受賞、松居竜五《りゅうご》の『南方熊楠　一切智《いっさいち》の夢』が奨励賞を受賞した。もっとも選考委員に平川は加わっておらず、小島信夫、芳賀徹、銭本《ぜにもと》健二、梅原猛、中村芳二郎《よしじろう》（松江市長）で、銭本（一九四三―二〇〇二）は島根大学教授、英文学者でハーン研究家であった。だがこれも、四回からはフェミニスト美術史家の千野香織などが受賞し、五回で中止になってしまった。また妙な区切りだが九五年にはハーン没後九十年でさまざまな催しが行われた。その間のハーン研究書の主なものは以下の通りである。

一九九〇年

『小泉八雲の日本』池田雅之　第三文明社（レグルス文庫）
『ラフカディオ・ハーン　翻訳と研究』エドワード・トマス（飯田操訳）文化評論出版

一九九二年

『小泉八雲　回想と研究』平川編　講談社学術文庫
『ラフカディオ・ハーン　異文化体験の果てに』牧野陽子　中公新書
『神々の猿　ラフカディオ・ハーンの芸術と思想』ベンチョン・ユー（池田雅之監訳・今村楯夫・坂本仁・中里壽明・中田賢次訳）恒文社

一九九三年

『ラフカディオ・ハーンの耳』西成彦《まさひこ》　岩波書店

一九九四年

『さまよう魂　ラフカディオ・ハーンの遍歴』ジョナサン・コット（真崎義博訳）文藝春秋

『世界の中のラフカディオ・ハーン』平川編　河出書房新社

一九九五年

『ラフカディオ・ハーン　漂泊の魂』工藤美代子　日本放送出版協会

『マルティニーク熱帯紀行　ラフカディオ・ハーン追想』工藤美代子　恒文社

『民俗学者・小泉八雲　日本時代の活動から』小泉凡《ぼん》　恒文社

一九九六年

『オリエンタルな夢　小泉八雲と霊の世界』平川祐弘　筑摩書房

『人生の教師ラフカディオ・ハーン』仙北谷晃一《せんぼくや》　恒文社

一九九七年

『夢の途上　ラフカディオ・ハーンの生涯　アメリカ編』工藤美代子　集英社

一九九八年

『ラフカディオ・ハーンのクレオール料理読本』河島弘美監修　鈴木あかね訳　ＴＢＳブリタニカ

一九九九年

『聖霊の島　ラフカディオ・ハーンの生涯　ヨーロッパ編』工藤美代子　集英社
『小泉八雲と早稲田大学』関田かをる　恒文社

二〇〇〇年

『小泉八雲事典』平川監修　恒文社
『ファンタスティックジャーニー　ラフカディオ・ハーンの生涯と作品』ポール・マレイ（村井文夫訳）恒文社
『浦島コンプレックス　ラフカディオ・ハーンの交友と文学』梅本順子　南雲堂

二〇〇二年

『ハーンの轍《わだち》の中で　ラフカディオ・ハーン／外国人教師／英文学教育』ジョージ・ヒューズ（平石貴樹・玉井暲《あきら》訳）研究社
『ラフカディオ・ハーン　日本のこころを描く』河島弘美　岩波ジュニア新書

二〇〇三年

『神々の国　ラフカディオ・ハーンの生涯　日本編』工藤美代子　集英社
『若き日のラフカディオ・ハーン』O・W・フロスト（西村六郎訳）みすず書房

二〇〇四年

『小泉八雲と松江時代』池野誠　沖積舎

『小泉八雲と近代中国』劉岸偉《りゅうがんい》 岩波書店
『ラフカディオ・ハーン 植民地化・キリスト教化・文明開化』平川祐弘 ミネルヴァ書房
『ラフカディオ・ハーンのアメリカ時代』E・L・ティンカー（木村勝造訳）ミネルヴァ書房
『ラフカディオ・ハーンの思想と文学』大東俊一《だいとうしゅんいち》 彩流社
『耳の悦楽 ラフカディオ・ハーンと女たち』西成彦《まさひこ》 紀伊國屋書店

日本を論じたハーンとチェンバレン

工藤美代子（一九五〇— ）はノンフィクション作家で、池田恒雄の次女、平川の友人でブリティッシュ・コロンビア大学教授だった鶴田欣也（一九三二—一九九九）の妻だったが、没後九十年を記念したものだろうＮＨＫ教育テレビの番組でハーンを語り、続けて『すばる』にハーン伝を連載して三部作としたものだ。ただ、これが始まった頃鶴田とは離婚していたから、間接的な関係しかあるまいが、父が興した恒文社が次々とハーン論を出していることもあり、また当時『比較文學研究』は恒文社から出ていたし、何かそれなりに関係はあるのだろう。もっともそのことより、工藤がその後、「新しい歴史教科書をつくる会」の副会長となり、香淳皇《こうじゅん》后など皇室関係のもの、石原慎太郎論、また二・二六事件の黒幕とされる斎藤瀏《りゅう》についての本、また関東大震災の際の朝鮮人虐殺についてその数字を過大だとする本などを出し、明らかに「右翼」的な方向へ動いていることは注目される。

また西（一九五五―　、立命館大学教授）も東大比較の出身で、当初は異端と思われていたが、フェミニスト詩人・作家の伊藤比呂美《ひろみ》と離婚した後変貌した。ただ西の場合、当時流行の「ポストコロニアリズム」の一環として、ハーンの「クレオール」性を論じるという言い訳が成立したが、ハーンが妻節子から日本の古い話を聞いてそれを英語で書いたというあたりをひどく美化して描き、『耳の悦楽』の『比較文學研究』誌上の書評で、東大比較出身でラテンアメリカ文学専攻の花方寿行《はながたかずゆき》（一九六九―　、静岡大学准教授）から、このフェミニズム嫌いぶりは何かと批判されたこともある（八五号、二〇〇五年）。牧野陽子（一九五三―　、成城大学教授）も河島弘美（一九五一―　、東洋学園大教授）も平川の弟子筋だが、岩波書店が、批判本を出して受けなかった埋め合わせでもあるかのように、ジュニア新書で礼賛本を出したのがおかしい。

河島はチェンバレンの『日本事物誌』について、「ヨーロッパ至上主義に貫かれた書物」とし、ハーンの項目について「明らかな悪意が見られます」「チェンバレンという人の人格まで疑いたくなるような文章です」などと書いており、平川イデオロギーに貫かれた書物で、参考文献一覧には、平川とその一派のハーン礼賛本がずらりと並んでいて苦笑させられる。しかも同じ出版社の、岩波新書の太田の本は挙がっていない。

ただし平川はさすがに岩波書店とは縁がなく、河島を推薦したのは、東大名誉教授で英文学者、東洋学園大学長をしていた行方昭夫《なめかたあきお》である。牧野の新書もこの点では同じようなもので、西洋に立脚したチェンバレンはハーンが理解できなかったのだろうと、平川の口まねのようなことを書いている。仙北谷晃一（一九三三―二〇〇七）も東大比較出身で平川の後輩、武蔵大学教授を務め、これが唯一の単著である。劉岸偉（一九五七―　）は東大比較で最初に課程博士号をとった東工大教授である。ポール・マレイの本を訳している村井文夫（一九五一―　、富山大教授）も東大比較の出身である。マレイの本はむしろ中立的だが、村井はあとがきで、これを平川の勧めで訳したと述べ、ハーンを非難する人にはその非難が自分自身に返ってくると言っており、やはり平川流だ。念のため言うと、ハーンを非難するのと、ハーンを礼賛する人を批判するのとは別のことである。

ところで一九九五年二月の『新潮』に、文藝評論家の新保祐司《しんぽゆうじ》（一九五三―　、都留《つる》文科大学教授）が、「内村鑑三と小泉八雲」という小文を載せた。新保は、内村とハーンが三カ月弱、同時に熊本に住んでいたことがあるという話を枕に、正宗白鳥の「ヘルンの旧居《きゅうきょ》」から「彼れは異国の田舎の人間をば、彼れの規定した『人間』といふ者の範囲に入れてゐなかつたのであらう。別種の生物としてゐたのであらう」「ヘルンの日本観は、必しも日本の現実に透徹《とうてつ》してゐるのではない」という文章を引き、「八雲の一見、日本や日本人への讃美と思われるものの根底に、とんでもない蔑視がひそんでいることを洞察している」と言い、

八雲の描いた「日本」というものが、この「変人」の「流れ者」が作り上げた一種のフィクションであることは今さらいうまでもないことだが、今日でも八雲に対する関心が依然として高く、八雲の「日本」を日本人が喜んで受け入れていることには、「日本の現実」あるいは真の日本を考える際に弊害《へいがい》があると私は考える。

とし、内村の『代表的日本人』と河上徹太郎の『日本のアウトサイダー』を論じているが、さしてよく練られた論考とは言えない。すると『新潮』三月号に平川が見開き二ページのエッセイ「小泉八雲と内村鑑三」を書いた。

しかし別に正面からの新保への反論ではなく、ハーンが日本人の、天皇の「御真影」礼拝に理解を示した話と、チェンバレンすらこれには理解を示したという話が続き、内村鑑三の御真《ごしん》影《えい》礼拝拒否を讃美する人もいると言いつつ、西洋の宣教師や帝国主義がキリスト教的価値観を押し付けようとしたことを述べ、内村の『代表的日本人』を『神戸クロニクル』でハーンが痛罵したという話（『神戸クロニクル論説集』恒文社）を紹介して、『内村鑑三』の著者である新

保に皮肉を浴びせ、しかし今や帝国主義や西洋中心主義は見直され、ハーンは復活しつつある、と述べている。

新保の文章は、『正統の垂直線　透谷・鑑三・近代』（構想社、一九九七）に入っているが、特に平川への反論はない。平川自身が反論しえていないからだ。なお平川は内村鑑三が嫌いで、『余はなぜキリスト信徒になりしか』という英文著作は『ぼくはなぜクリスチャンになったのか』とでも訳したほうがいい幼稚な書物だと書いている。

ところで仙北谷の著は、一貫した研究書ではなく、学問的エッセイ集だが、その中にこの「擬似論争《ぎじ》」に触れたところがある（「ハーンをめぐる二つの批判について」初出『ユリイカ』一九九五年四月）。新保の文章を読んで「苦々《にがにが》しく思った」が、平川が「鮮やかな反論を寄せられた」と言い、ハーンが二十日ほど前に刊行された内村の『日本及び日本人』（英文、『代表的日本人』の初版）について「冷罵といってよいことばを浴びせていることが明らかになった以上、その本を基にしたハーン断罪は、大方根拠を失ってしまった」と書いている。しかし新保は、『代表的日本人』などと関係なくハーンを批判しているのだから、おかしな文章であると言わざるをえない。この前に、太田の『ラフカディオ・ハーン』に対する反論もあるが、特にどうということもなく、仙北谷は、要するに太田、新保の両氏は、「古い日本」に固執《こしつ》し、かつて国家神道の名で呼ばれたこともある昔ながらの信仰に、一貫して尊崇《そんすう》の念をもちつづけたハーンを、今日《こんにち》的視点から批判しようとしている。イデオロギー一辺倒ではないが、その色はつきまとう。しかし、そもそも信仰のごとき人間の魂の問題は、いわば個人の尊厳にかかわることで、その点ではハーンも内村もまったく同等というほかはない。一個人のレヴェルではそうであっても、文化的歴史的事象としてそこに価値判断のメスを入れようというのなら、ひとまず、イデオロギー的視点を棄ててかかるのが筋であろう。

と書いている。よく分からない文章である。

第一に、新保はむしろ保守的な批評家なのだが、仙北谷はそのことを知らないらしい（平川は知っていただろう）。また太田も新保も「価値判断」をしているのではなく、ハーンの描く日本像が歪んでいると言っているのだ。それに、「神道」は昔ながらの信仰ではなく、明治政府が作り上げたものだ。それに仙北谷はこの本の別の箇所で、ハーンの『神国日本』を紹介しつつ、これは反時代的なことで、と言いつつ、天皇という語を避けている。平川はかねてから内村を嫌っているのだが、別段三浦朱門《しゅもん》や曽野綾子のように、キリスト教と天皇崇拝を両立させている人も多く、また世襲君主制の否定は何も西洋の専売特許ではなくて、古代シナの禅譲《ぜんじょう》および易姓革命《えきせいかくめい》の思想にもあるものである。

しかし仙北谷は、平川の天皇制イデオロギー的価値判断に対しては、ひたすら賞賛するばかりなのだから、他人にのみイデオロギーを棄てろというのは筋違いだ。ただ仙北谷は、恐らく昔気質《かたぎ》の善良な人なのであろう。死んだあとでこんなことを言うのは気が引ける。なおこの、仙北谷の唯一の著作については、『比較文学』に河島弘美が、『比較文學研究』に牧野陽子が書評を書いている。もっともいずれも、仲間褒めというより、学術書ではないことを踏まえた上での、仙北谷の人柄礼賛の趣がある。

ハーンは大作家か

東大比較出身でない人たちについて言うと、池田雅之（一九四六―　）は早稲田出身の英文学者、早大教授で、ちくま文庫や角川文庫でハーンを訳している。小泉凡《ぼん》（一九六一―　）はハーンの曾孫で、島根県立大学短大教授だが、松江で出されるハーン関係のものは九〇年代から数多い。ハーンは東大を辞めてから早稲田でも教えていた。梅本順子（一九五六―　）は日大でハーン論で博士号をとった日大教授で比較文学会員、関田は在野の学者らしい。大東《だいとう》俊一（一九五四―　）は法政大大学院中退の、人間総合科学大学教授である。

エドワード・トマス（一八七八―一九一七）は第一次大戦で戦死した詩人である。ベンチョン・ユー(一九二五—)は韓国生まれの日本文学研究者で、一高、ソウル国立大学卒後、米国で博士号をとり、ウェイン大学教授、夏目漱石の『行人《こうじん》』を英訳した人である。その著は批判にも礼賛にも偏《かたよ》らない中正なハーン論になっている。ポール・マレー(一九四九—)はアイルランドの外交官、オーカット・ウィリアム・フロスト(一九二六—)は戦後の米軍の日本進駐に軍人として加わり、その後博士号をとった人で、その著は一九五八年に北星堂、つまり日本で刊行されたもので、ハーンの幼少期から、シンシナティで新聞記者として身を立てるまでを描いている。

エドワード・ラロック・ティンカー(一八八一—一九六八)はクレオールの研究者で、その著は一九二四年のものである。つまりこれら外国人によるハーン研究の多くは古いもので、ハーンの隆盛《りゅうせい》に応じて訳出されたものである。また新しいほうも、生粋《きっすい》の英語文学研究者によるものではない。ジョージ・ヒューズ(一九四四—)は、長く東大英文科で外国人教師を務めた人で、私も教わったことがある。東大教養学部教授だった英文学者・山内久明《やまのうちひさあき》(一九三三—)と親しく、山内は日本近代文学に関する英文の著書も出している。この著作は、自身の位置がハーンに似ていることから綴《つづ》られた半自伝的エッセイで、英文で刊行されたものではなく、東大教授の平石と、阪大英文科教授だった玉井が草稿から訳したものである。

一般人の間ではハーンの『怪談』などは読み継がれているが、平川はしばしば、日本の英文学者もアメリカの学者もハーンに冷淡だ、と言っている。確かにそうらしく、平川はそれを、彼らが西洋中心主義者だから、ハーンのような日本を好んだ作家に冷たいのだ、と言うのだが、単にハーンが作家として二流だからに過ぎない。またその日本観察には、河野多恵子が『谷崎文学と肯定の欲望』(中公文庫)で記した、谷崎は関西を好きになりたかったのだ、と言ったような、日本を肯定したいという欲望が強く、日本人を過剰に美化しているのも、当時の日本の裏面を証しだてる資料を私たちは豊富に持っているのだから、歴史学者からすればハーンの記述が偏っていることは明らかだろう。

太田著が出た年に、平川編『世界の中のラフカディオ・ハーン』が出ているが、翌九五年の『比較文學研究』で、当時比較の修士課程にいた小澤自然《しぜん》(一九七一―)が、遂にこのハーン礼賛に公然たる反旗を翻《ひるがえ》し、論文集だから是々非々ではあったが、ハーンに批判的な論文を載せた太田雄三に対して、まえがきで平川が批判的に触れているのを批判し、「太田氏の論文の価値は読者が判断すべきものであり、編者として『まえがき』にこのようなコメントを書くべきではない」とし、牧野陽子のハーン紀行が最後に載っているのも奇異だとして、「この本はハーンに捧げられたオマージュなのだろうか?」「見方によっては『駒場学派』の馴れ合いとも解釈できなくはない」として、「なかには、盲目的なハーン讃美と紙一重の論文もあるようですが……」とだめ押しをした。私はこの書評を読んで、にやりとしたものだ。

ところで太田は、かくのごとく、批判しつつも、東大比較の集まりや論集には登場しており、平川と憎みあうということも表面上はなかったが、東大比較日本文化論専攻卒業で、いわば生《は》え抜きだった小澤は、修士終了後、エセックス大学へ留学して英文学で学位をとり、東大比較とは離れて、千葉大助教授をへて現在関西大准教授である。ハーンを「クレオール」とかポスコロの範疇《はんちゅう》に入れるのが西などのやり方だったが、平川らのやり方が、単なる日本の文化ナショナリズムであることは明らかだったからだ。

九九年に太田は、英文のチェンバレン論を刊行して、より詳細に平川への批判を行ったが、これは黙殺された。

二〇〇九年、ドゥルーズなどフランス哲学の研究者の宇野邦一《くにいち》（一九四八― ）が、意外にも『ハーンと八雲』（角川春樹事務所）などという書下ろしを出したので驚いたが、宇野は松江の出身であった。宇野は、ハーンを礼賛する側にも、批判する側にも与《くみ》しないと言い、日本などという実態は存在しないからだと言うが、実は批判されているのはハーンそのものというより、ハーンを利用して、天皇制を神道に還元し、それが日本古来のものだと主張する平川祐弘とその一派なのであって、宇野は問題の核心を避けて通ったというほかない。もっとも角川春樹は、神道の崇拝家なので、これが角川春樹事務所から出たのはある必然が感じられる。

その後出た平川・牧野編の『講座　小泉八雲Ⅰ　ハーンの人と周辺』（新曜社、二〇〇九）の「序」で平川は、「日本人の八雲に対する愛好には、明治の日本を美しく描いた作者に対する我が国人のナルシシズムの情も混じっていることは間違いない。（略）しかしハーンを頭から親日家とみなして礼賛する八雲ファンには時に困り者もいるのではあるまいか。本講座の中でも弱点があるとすれば二、三のセンチメンタリズムが先行した論文であろう」としている。しかし前のほうでは「バジル・ホール・チェンバレンに代表されるような西洋中心主義の人たち」と言っていて、平川もその困り者の一人ではないかと思わせる。

『講座　小泉八雲Ⅱ　ハーンの文学世界』の、編者の一人・牧野陽子による「あとがき」の最後のほうには、

ハーンをただ「ナショナリスト」として持ち上げるような言説とは、当初より無縁である。「ハーンのように日本に帰化しなければ日本を愛したとはいえない」式の言説もどこにも見られない。

とある。これは私の「平川ハーン学」への批判への応答であろう。もっともそれなら、なぜ私や太田雄三や小澤自然による「ハーン礼賛」への批判論文は載っていないのかと言いたいが、

ロイ・スターズが「ナショナリストとしてのラフカディオ・ハーン」を上巻で書いている。しかし中村和恵（一九六六―、明大准教授）の論文を見たら、こうあった。

バジル・ホール・チェンバレンを引用して平川祐弘は「人間を単なる実験材料のように観察するチェンバレンの眼付きには、彼等と自分とは違う、という不遜《ふそん》な思いあがりがどこかにひそんでいるのではないだろうか」という。チェンバレンと同種の発想自体はハーンにもあったということができる。ただその発想の上で、ハーンの同情は滅びゆく混血人種の側にあり、またかれらに対する感情的・生理的な障壁がハーンにはまるでなかったらしい、そこが違う。

もっともこの後、中村はハーンの限界をも指摘するのだが、中村が引用した平川の文章は『小泉八雲　西洋脱出の夢』からで、この引用の直後には「チェンバレンには一時期日本の『女』がいたが、生涯結婚せずに通した。一見学術的な彼の筆致《ひっち》のうらにはやはりその時代特有の偏見がひそんでいたように思える」と続く。これがまさに平川の、日本人女性と結婚しなければ日本を愛したとはいえない「式」の言である。

果して牧野の言うのが至当かどうか、それは平川・牧野・中村といった人たちが、太田雄三や私の「ハーン主義者」批判にちゃんと答えた時にしか分からないものであろう。断っておくが、他の人はいざ知らず、私はハーンを批判しているのではなく、ハーンを大作家のように言う人たちを批判しているのである。

なお最近、渡辺京二は前著の続編としての大著『黒船前夜』（洋泉社、二〇一〇）を刊行した。内容はペリー来航以前のロシヤとの交渉や間宮林蔵のことで別段新味はなかったが、驚くべし、朝日、読売、毎日、東京と書評が出揃った。しかも評者は平川祐弘（東京）、田中優子（毎日）、黒岩比佐子（読売）で、朝日は新聞の編集委員、そして平川と黒岩が改めて『逝きし世の面影』を礼賛している。平川は前著に批判があることに触れつつ、そういう批判も「イズム」を隠しているなどと書いているが、それならもっと堂々たる論文で私に反論すべきであろう。新聞ジャーナリズムの頽廃を見る思いがした。

米国に留学した日本人男性は、ナショナリストになって帰ってくる、と言われる（上野千鶴子や北原恵）。江藤淳などが、その典型として挙げられることが多い。

『若き数学者のアメリカ』（一九七七、新潮文庫）を書いた数学者の藤原正彦（一九四三―、お茶の水女子大名誉教授）などは、その例外かと思われていた。しかし、長い年月を経て、彼は『国家の品格』の著者として、他の人以上の強固なナショナリストとして再登場した。『若き数学者のアメリカ』では、藤原が感じた孤独と疎外感も、歴史のない国である米国への失望も語られてはいるが、それでも適宜、事実より甘く書いている感じがする。

それが別の国ではなくて、米国と限定されているのは、やはり日本が軍事的に敗北を喫《きっ》した国だからであろう。また「男」とあるのは、留学するような日本人女性はそれなりに魅力的で、あちらの男にちやほやされて、楽しい思いをするからだ、と私は考えている。

もっとも、なるほど西洋人の中にはアジア人蔑視があるかもしれないが、そこで「比較文化論」など始めると、碌なことにはならない。ましてや「日本人の心」などと言い出したら笑止千万だ。藤原は既に最初の本で、アメリカには「涙」がない、などと、既に怪しげな比較文化論を展開しているが、それは当たっていない。藤原は新田次郎の息子だが、数学者だし、アメリカ文学などは大して読んでいなかったのだろう。

私もまた、カナダへ二年間留学したことがあり、帰国後ナショナリストになったとか、アンチ・フェミニストになったとか言われたものだが、後者は別に留学とは関係ないだろう。その後、私は大阪に五年間いたが、関東人が関西へ行くのは外国へ行くよりカルチャー・ショックが大きいなどと言う人もいて、私などは、その両方を比べるという、珍しくはないだろうが、江藤や藤原のしていない体験をすることができたわけだ。

だが、元来社交的ではない私が、外国語で話さなければならず、知り合いも少なく、ガールフレンドを作るようなこともできず、カナダで孤独感を感じたとしても、それは当然のことで、ことさらカルチャー・ショックなどと言いたてることもない。

今はそれほどでもないが、私の若いころは盛んに「カルチャー・ショック」という言葉が言われたもので、私にはそれが、本当に「文化的差異」によるものなのか、単なる言語的問題なのか、という疑念があった。むしろ大学院生が米国あたりへ留学するよりも、肉体労働者として働いたほうが、こうした差異によるショックは大きいのではないか。日本文化論や比較文化論が「保守」の論客によって論じられることが多いのも、それは国内の階級的差異という、マルクス主義につながりそうな主題を隠蔽しようとするからであろう。

そういった「国民国家批判」的な意味あいでは、日本文化論は「左翼」から批判されてはいるが、その一方で、日本人は特に暴力的だといった「左翼」的なおかしな日本文化論もある。

また、「日本人としてのアイデンティティ」などというもの言いもあるが、これも私には意味不明だ。たとえば帰国チャイルドのバイリンガルの人が、日本人としてのアイデンティティを求めるとか、在日朝鮮人がアイデンティティに揺らぎを感じるとかいうなら分かるが、日本に生まれて日本語で育った人に、「日本人としてのアイデンティティ」なんて、関係ないのである。そういう人でも、外国へ永住することになった、という時にそれで悩むということもあるが、終生日本で生きるような人には、無用の言葉だと思う。その種のことを、世間は言い過ぎるのである。

ではお前はどうなのだ、カナダへ留学して、ナショナリストになって帰って来たのか、と問われるかもしれない。

ここで私は、ある種の人を怒らせる、少なくとも戸惑わせるようなことを言おう。

帰国して私は、大阪大学の英語教師になった。そこには「外国人教師」と呼ばれる人たちがいた。中には日本語もかなりうまくなっている人がいたが、若い人などで、ちっとも日本語を勉強せず、当然上達もしない人もいた。それでも、日本の街中《まちなか》には英語が溢れているから、大して困らないのである。あるいはその頃私は、国際的な学術会議に出席することがあったが、使用言語は英語だったから、どうしたって英語国人（この語に相当するいい言葉がまだ日本では作られていない。英語のネイティヴ・スピーカーなどというが、適切な日本語を作ってほしい）のほうが、議論をするにしても有利である。

それで私は「英語帝国主義」だと思って怒り、実際そういう文章を書いたこともある。だがその後、大学を辞め、飛行機に乗れなくなったから国際会議に出ることもなくなり、その種の、外国人とのつきあいは、ほぼ途絶えた。そうなって初めて、英語帝国主義といっても、現実には英語が国際語だからしょうがないと思うようになった。

その一方で、せっせと海外へ出かけたり、外国人相手に会議をやったりしている日本の知識人が、時にひどく愛国者的になっていくのは、西洋人と接触するたびに、言葉の不自由とか、その他のことで、傷つくからではないかと思う。水村美苗が『日本語が亡びるとき』（筑摩書房）などという、バランスを失《しっ》した書物を書いてしまうのは、水村が帰国チャイルドであるところからくるものなのではないか、と思う。

世間的に、帰国チャイルドや、国際的に動き回る人はウルトラ・ナショナリストになりにくいというような理解があるが、それは間違っていると思う。工藤美代子なども、チェコの大学にいて、その後ヴァンクーヴァーに住んだりモンゴルへ行ったりしていたが、このところとみに「右翼」的な人になりつつある。男女問わず、むしろ海外へ出かけることの多い人が、そうなってしまう例はむしろ増えている。

私は、もう十五年、海外へは行っていない。いわば一人鎖国をしているようなものだが、おかげで私は「日本」に関しては、しごく冷静にものをとらえていると思っている。

さて、ここまで来て、私は何か結論めいたもの、なぜ人は「日本文化論」を求めるのか、といったことを書けばよいのだろうが、それは本文中で述べたとおり、敗戦国である日本の、自尊心を取り戻したいという気持ち、あるいは逆に、もっと強烈に反省したいという気持ちがあり、あるいは自国文化論というのは何も日本特有の現象ではなくて、それは要するに近代的な国民国家というものができて以来、国民は自国のことを何より気にするようになってしまった、という風に説明できるだろう。

ここには、しかしまだいろいろな問題がある。いわゆる「アカデミズム」の世界では、一般人が読むような「日本文化論」はあまり生み出されていない。学問的ではないからである。世間的には、人文学などというものの多くは、どうでもいいような細かなことを調べている、不要な代物だと思われていて、いわゆる「評論家」や評論家的学者の書く、雑多な評論的学問のほうが、読んで面白いというので歓迎される。

「日本文化論」が流行したのは、七〇年代、八〇年代だったが、その後はむしろ、「十五年戦争もの」が流行している、と言っていいだろう。日本の過去の戦争については膨大な量の著作やら、対談本や座談会本が出ている。ちょっと、偏《かたよ》り過ぎではないか、と私は思う。その代わりに、ここ二十年ほどの日本の読書人は、あまり外国の歴史に関する本を読まなくなってしまった。

「日本文化論」には、外国のことを知らなければ知らないほどに、だまされやすい。「日本では……」と言われて、いや、外国でもそうじゃないか、と考えるだけの知識がないからである。

平川祐弘は、日本の外国研究者には二種類あって、ヨーロッパ文化を崇拝するあまり、日本人としての宿命を忘れてしまう人と、日本文化ナショナリズムに陥ってしまう人とがいる、という新田義之の言葉を引き、そのいずれにもならないために、三点測量が必要だと言っている(『二本足の学者』森鷗外を論ずるにはいかなる視野が大切か」『鷗外』二〇〇七)。かねて「三点測量」というのは平川の主張だったが、ことラフカディオ・ハーンがからむと、平川自身が「三点測量」を忘れてしまい、日本文化を礼賛し天皇制を認めてくれるハーンの礼賛者になってしまう。

断っておくが、思想信条は自由であるから、自分は天皇陛下を崇拝しており、そうでない者は許せない、というのも、それでテロリズムに走ったりしない限りは、また自由である。しかしそうした主張は、学問的基礎の上に成り立たなければならない。しかしここで、俺は学問的事実などどうでもいいと思っている、という「思想信条」の持ち主がいたとしたら、それはそれでいかんともしがたいのである。

さて、かくのごとく、師匠たる平川先生の批判をしていたら、あちらもどんどん言い返してきて、中身は全然反論になっておらず、最新の随筆集『書物の声　歴史の声』（弦書房、二〇〇九）を送っていただいたのだが、ここにも随所に私への当てこすりがあった。「はじめに」では、

日本生まれの人文学者でありながら、私が外国学者に伍《ご》して、比較的に気楽に、自信を持って接しているらしい風が、外国に対して最初から位負けしている、学問的にももてない人の目には「平川はナショナリスト」と映じたのに相違ない。

とあるのも、それだろう。論理的にはまったく意味の通らない文章だが、平川先生にはそういうことがよくある。しかし私は平川はナショナリストではなくて、天皇崇拝家、ロイヤリス

トなのだと言っているのだ。また平川は、学問というものの客観性を忘れてしまっていて、気楽だとか自信を持っているとか外国学者と交際しているとかいうことは、学問の質の高さとはまったく無関係なのである。

学問は活字になって初めて存在する。何語で書かれていようが、どういう媒体で出ようが、それは内容の正しさを保証するものではない。依然として日本には、外国へ行って学会で発表したとか、誰それと会ったとかいうことで威張る人がいるが、それは学問を理解しない、ただの権威主義である。平川先生はシナへも行っているが、「日本文化論」は、まさにこうした、外国、特に西洋の視線をむやみと気にする人々によって生み出されたもので、その意味では江藤淳や柄谷行人も変りはない、とも言える。

著者略歴

小谷野敦《こやのとん》

一九六二年生まれ。本名読みあつし。
比較文学者、作家。東京大学英文学科卒、
同大学院比較文学比較文化専攻博士課程修了。学術博士。
『もてない男』(ちくま新書)、『〈男の恋〉の文学史』(朝日選書)、
『聖母のいない国』(青土社、河出文庫、サントリー学芸賞受賞)、
『恋愛の昭和史』(文春文庫)、『谷崎潤一郎伝』『里見弴伝』(中央公論新社)、
『日本売春史』(新潮選書)など著書多数。
小説に『悲望』(幻冬舎)、
『童貞放浪記』(幻冬舎文庫、二〇〇九年夏映画化)、
『中島敦殺人事件』(論創社)がある。

幻冬舎新書 165

日本文化論のインチキ

二〇一〇年五月三十日　第一刷発行

著者　小谷野敦

発行人　見城　徹

編集人　志儀保博

発行所　株式会社　幻冬舎
〒一五一-〇〇五一　東京都渋谷区千駄ヶ谷四-九-七
電話　〇三-五四一一-六二一一（編集）
〇三-五四一一-六二二二（営業）
振替　〇〇一二〇-八-七六七六四三

ブックデザイン　鈴木成一デザイン室

印刷・製本所　中央精版印刷株式会社

GENTOSHA

検印廃止

Printed in Japan　ISBN978-4-344-98166-9 C0295
こ-6-3

幻冬舎ホームページアドレスhttp://www.gentosha.co.jp/

＊この本に関するご意見・ご感想をメールでお寄せいただく場合は、comment@gentosha.co.jpまで。

幻冬舎新書

小谷野敦
日本の有名一族
近代エスタブリッシュメントの系図集

家系図マニアで有名人好き、名声にただならぬ執着をもつ著者による近代スター一族の系譜。政治経済、文学、古典芸能各界の親戚関係が早わかり。絢爛豪華な67家の血筋をたどれば、近代の日本が見えてくる!!

小谷野敦
日本の歴代権力者

聖徳太子から森喜朗まで国家を牽引した一二六名が勢揃い!! その顔ぶれを並べてみれば日本の歴史が一望できる。〈真の権力者はNo.1を陰で操る〉独特の権力構造も明らかに。

浅羽通明
右翼と左翼

右翼も左翼もない時代。だが、依然「右—左」のレッテルは貼られる。右とは何か? 左とは? その定義、世界史的誕生から日本の「右—左」の特殊性、現代の問題点までを解明した画期的な一冊。

三浦佑之
金印偽造事件
「漢委奴國王」のまぼろし

超一級の国宝である金印「漢委奴國王」は江戸時代の半ばに偽造された真っ赤な偽物である。亀井南冥を中心に、本居宣長、上田秋成など多くの歴史上の文化人の動向を検証し、スリリングに謎を解き明かす!

幻冬舎新書

萩野貞樹
旧かなづかひで書く日本語

「このあひだはありがたう」「きのふから雨が降つてゐる」――私たちが日頃使ふ「新かな」よりも洗練され、使ひ勝手もいい「旧かなづかひ」。本書でその基本をおぼえて日本語の美しさを味はひませう。

島田裕巳
日本の10大新宗教

創価学会だけではない日本の新宗教。が、そもそもいつどう成立したか。代表的教団の教祖誕生から社会問題化した事件までを繙きながら、日本人の精神と宗教観を浮かび上がらせた画期的な書。

荒岱介
新左翼とは何だったのか

なぜ社会変革の理想に燃えた若者たちが、最終的に「内ゲバ」で百人をこえる仲間を殺すことになったのか?! 常に第一線の現場にいた者のみにしか書けない真実が明かされる。

古田隆彦
日本人はどこまで減るか
人口減少社会のパラダイム・シフト

二〇〇四年の一億二七八〇万人をもって日本の人口はピークを迎え〇五年から減少し続ける。四二年には一億人を割り、百年後には三分の一に。これは危機なのか? 未来を大胆に予測した文明論。

幻冬舎新書

上杉隆
ジャーナリズム崩壊

日本の新聞・テレビの記者たちが世界中で笑われている。その象徴が「記者クラブ」だ。メモを互いに見せ合い同じ記事を書く「メモ合わせ」等、呆れた実態を明らかにする、亡国のメディア論。

清水良典
MURAKAMI
龍と春樹の時代

一見、違うように見える龍と春樹。しかし二人はこんなにもつながっている。「アメリカ」「戦争」「セックス」「バブル経済」「十四歳」……。比較するとまったく新しい読み解き方が見えてくる！

佐伯啓思
自由と民主主義をもうやめる

日本が直面する危機は、自由と民主主義を至上価値とする進歩主義＝アメリカニズムの帰結だ。食い止めるには封印されてきた日本的価値を取り戻すしかない。真の保守思想家が語る日本の針路。

紺谷典子
平成経済20年史

バブルの破裂から始まった平成は、世界金融の破綻で20年目の幕を下ろす。この20年間を振り返り、日本が墜落した最悪の歴史とそのただ1つの原因を解き明かし、復活へ一縷の望みをつなぐ稀有な書。

幻冬舎新書

平野貞夫
平成政治20年史

20年で14人もの首相が次々に入れ替わり、国民生活は悪くなる一方。国会職員、議長秘書、参院議員として、政治と政局のすべてを知る男が書き揮う、この先10年を読み解くための平成史。

香山リカ
しがみつかない生き方
「ふつうの幸せ」を手に入れる10のルール

資本主義の曲がり角を経験し人々は平凡で穏やかに暮らせる「ふつうの幸せ」こそ最大の幸福だと気がついた。自慢しない。お金、恋愛、子どもにしがみつかない——新しい幸福のルールを精神科医が提案。

武田邦彦
偽善エネルギー

近い将来、石油は必ず枯渇する。では何が次世代エネルギーになるのか？ 太陽電池や風力、原子力等の現状と、政治や利権で巧妙に操作された嘘の情報を看破し、資源なき日本の行く末を探る。

宮台真司　福山哲郎
民主主義が一度もなかった国・日本

2009年8月30日の政権交代は革命だった！ 長年政治を研究してきた気鋭の社会学者とマニフェスト起草に深く関わった民主党の頭脳が、革命の中身と正体について徹底討議する!!